D1726018

Stefanie Weiß

Das Schicksal von Arbeitsverhältnissen bei einem Betriebsübergang aus deutscher und europarechtlicher Sicht

Diplomica® Verlag GmbH

Weiß, Stefanie: Das Schicksal von Arbeitsverhältnissen bei einem Betriebsübergang aus deutscher und europarechtlicher Sicht, Hamburg, Diplomica Verlag GmbH 2009

ISBN: 978-3-8366-7699-1
Druck Diplomica® Verlag GmbH, Hamburg, 2009

Bibliografische Information der Deutschen Bibliothek
Die Deutsche Bibliothek verzeichnet diese Publikation in der Deutschen
Nationalbibliografie;
detaillierte bibliografische Daten sind im Internet über
<http://dnb.ddb.de> abrufbar.

Die digitale Ausgabe (eBook-Ausgabe) dieses Titels trägt die ISBN 978-3-8366-2699-6
und kann über den Handel oder den Verlag bezogen werden.

Inhaltsverzeichnis

Abkürzungsverzeichnis

Abb. .... Abbildung
ABl. .... Amtsblatt
ABM............. Arbeitsbeschaffungsmaßnahme
ABR .... gerichtliches Registerzeichen für Rechtsbeschwerden beim BAG
Abs. .... Absatz
AG .... Aktiengesellschaft
AP................ Arbeitsrechtliche Praxis (Nachschlagewerk des BAG)
ArbPlSchG... Arbeitsplatzschutzgesetz
Art. .... Artikel
AÜG............. Arbeitnehmerüberlassungsgesetz
AZR .... gerichtliches Registerzeichen für Revisionen beim BAG
BAG............. Bundesarbeitsgericht
BBiG .... Berufsbildungsgesetz
BErzGG .... Bundeserziehungsgeldgesetz
BetrVG......... Betriebsverfassungsgesetz
BGB............. Bürgerliches Gesetzbuch
bzw. .... beziehungsweise
C.................. Registerzeichen für allgemeine Zivilsachen beim Amtsgericht
C.T............... Code du Travail (= das französische Arbeitsgesetzbuch)
DAG............. Deutsche Angestelltengewerkschaft (heute: ver.di)
EFTA .... European Free Trade Association (Europäische Freihandelszone)
EG .... Europäische Gemeinschaft
EGBGB........ Einführungsgesetz zum Bürgerlichen Gesetzbuch
EuGH........... Europäischer Gerichtshof
EWG............ Europäische Wirtschaftsgemeinschaft
EWGV.......... Vertrag zur Gründung der Europäischen Wirtschaftsgemeinschaft
f. .... folgend
ff. .... fortfolgende
gem. .... gemäß
GG............... Grundgesetz
GmbH .... Gesellschaft mit beschränkter Haftung
HAG............. Heimarbeitsgesetz
HBV .... Gewerkschaft Handel, Banken und Versicherungen (heute: ver.di)
HGB............. Handelsgesetzbuch
IG-Metall ...... Industriegewerkschaft Metall (Gewerkschaft für Beschäftigte der Metall-
                  und Elektroindustrie)
InsO............. Insolvenzordnung
i.S.d .... im Sinne des
KG .... Kommanditgesellschaft
KSchG .... Kündigungsschutzgesetz
LAG .... Landesarbeitsgericht
lit.................. litera (Buchstabe)
lt.................. laut
NJW............. Neue Juristische Woche
NZA .... Neue Zeitschrift für Arbeitsrecht
NZG............ Neue Zeitschrift für Gesellschaftsrecht
Rdnr............. Randnummer
RL............... Richtlinie

Abbildungsverzeichnis

1. Einführung

Ein berühmtes Sprichwort besagt, dass das einzig Beständige der Wechsel sei. Dies trifft durchaus auch auf die „rechtliche und tatsächliche Verfassung heutiger Wirtschaftsunternehmen" zu. Fast täglich berichtet die Presse über die Fusion, Reorganisation, Veräußerung, Sanierung oder – im schlechtesten Fall – Insolvenz bekannter Firmen. All diese Vorgänge verkörpern im Grunde „Maßnahmen der Marktanpassung". Eine freie Marktwirtschaft wäre nicht möglich, wenn die teilhabenden Unternehmen nicht in der Lage wären, sowohl mit ihrem „externen Verhalten" als auch ihren „internen Strukturen" entsprechend auf neue Marktgegebenheiten zu reagieren. Ein Verdienst der sozialen Marktwirtschaft ist deswegen, dass Arbeitnehmer, die von derartigen Veränderungen tangiert sind, nicht nur als bloßer Gegenstand solcher Marktentwicklungen betrachtet werden, sondern mit eigenen „Rechtspositionen" versehen wurden und das sowohl auf individualrechtlicher (Inhalt und Bestandschutz von Arbeitsverhältnissen) als auch kollektivrechtlicher Ebene (Betriebsverfassung, Tarifrecht, Unternehmens-mitbestimmung).

Es zeigt sich heute bei jeder größeren Umstrukturierungsmaßnahme immer mehr, dass Gesellschafts-, Unternehmens- und Arbeitsrecht ineinandergreifen. Dadurch werden derartige Gestaltungsaufgaben in der Praxis immer anspruchsvoller. Das Arbeitsrecht hat ähnlich dem Steuerrecht gewiss einen mit- und möglicherweise sogar alleinbestimmenden Einfluss auf derartige „unternehmerische Anpassungsprozesse". Diese können mit den gängigen Regeln des allgemeinen. Zivil- und Gesellschaftsrechts größtenteils nicht mehr zufriedenstellend gelöst werden, sondern setzen auch besondere arbeitsrechtliche Kenntnisse voraus.[1]

Dies kann vor allem dann enorme Probleme bereiten, wenn die Umsetzung der unternehmerischen Entscheidungen einen sog. Betriebs- oder Betriebsteilübergang gem. § 613a BGB zur Folge haben.

Auf den ersten Blick wirkt die Norm ziemlich eindeutig. Allerdings lässt sich in den letzten Jahren feststellen, dass sich die Vorschrift in der Praxis oftmals nur schwer verwirklichen lässt und etliche Fragen mit sich bringt, die das BAG und der EuGH bislang durch ihre Rechtsprechung nur zum Teil entscheiden konnten. Deswegen herrscht trotz vieler entsprechender Gerichtsentscheidungen nach wie vor Unsicherheit darüber, „ob und unter welchen Voraussetzungen ein Betriebs(teil)übergang vorliegt und welche Folgen für die Unternehmen und die Mitarbeiter mit einem Betriebsübergang verbunden sind."

Zugespitzt hat sich die Situation durch die Einführung des § 613a Abs. 5 und 6 BGB im Jahr 2002, da jene Mitarbeiter, die von einem Betriebsübergang berührt sind, über den Grund und die Auswirkungen eines Betriebs(teil)übergangs zu informieren sind. Die Anforderungen an diese Unterrichtung sind größtenteils noch unklar.[2]

---

[1] Willemsen H. J./Hohenstatt K.-S./Schweibert U./Seibt C. H., 2008, S. 1
[2] Nicolai A., 2006, Rdnr. 1 bis 3

Für Personalverantwortliche, die sich mit dieser Thematik beschäftigen müssen, ist es aus diesem Grund notwendig, wenigstens in groben Zügen über den gegenwärtigen Stand der Rechtslage informiert zu sein und ein Gefühl für die Schwierigkeiten zu erhalten, die sich bei einem Betriebsübergang ergeben. Da § 613a BGB europarechtlicher Herkunft ist bzw. auf den sog. Betriebsübergangsrichtlinien beruht, wird der EuGH-Rechtsprechung in diesem Bereich große Bedeutung beigemessen. Deswegen genügen nur Kenntnisse in der nationalen Rechtsprechung des BAG nicht.[3]

---

[3] Nicolai A., 2006, Rdnr. 4

2. Der Betriebsübergang nach BAG-Rechtssprechung bis zur Umsetzung der RL 77/187/EWG

Schon bevor die RL 77/187/EWG erlassen wurde, existierte in Deutschland eine Vorschrift, die bei einem Betriebsübergang die Rechte der Arbeitnehmer schützte. Durch § 122 BetrVG wurde im Januar 1972 eine Arbeitnehmerschutzvorschrift beim Betriebsübergang in das Arbeitsrecht eingeführt: der § 613a BGB. Damit wurde zum einen festgelegt, dass die Arbeitsverhältnisse auf den Erwerber übergehen und zum anderen, dass der Betriebsveräußerer weiterhaftet. Durch die Vorschrift wurde allerdings nicht geregelt, wie mit Ansprüchen aus Kollektivverträgen verfahren werden sollte und es gab des Weiteren keine Vorschrift, die es verbot, wegen des Betriebsübergangs Kündigungen auszusprechen. Dennoch wurde sowohl in der deutschen Rechtssprechung als auch in der Literatur mittlerweile die Ansicht vertreten, dass es nicht zulässig ist, anlässlich eines Betriebsübergangs eine Kündigung auszusprechen, denn sonst würde man die Schutzvorschrift des § 613a BGB problemlos umgehen können.

Bis § 613a BGB in Kraft trat, gab es zum Betriebsübergang keine eigene gesetzliche Regelung. Zur rechtlichen Beurteilung eines Betriebsübergangs wurden daher immer die allgemeinen zivilrechtlichen Grundsätze herangezogen.[4] Um die Arbeitsverträge übertragen zu können, mussten die Grundsätze des Forderungsübergangs (§ 398 BGB) und der Schuldübernahme (§ 411 ff. BGB) unabhängig voneinander erfüllt sein.[5] Damals war ein Übergang der Arbeitsverhältnisse also nur durch dreiseitige Rechtsgeschäfte möglich, was allerdings als wenig angemessen empfunden wurde. Auf verschiedenste Art und Weise wurde immer wieder versucht, bei einem Betriebsübergang die Arbeitsverhältnisse auf den Betriebserwerber übergehen zu lassen.[6]

Daher hat man in der Nachkriegszeit für den Übergang der Arbeitsverhältnisse teilweise den § 90 Abs. 1 des Entwurfes eines Gesetzes über Arbeitsverhältnisse aus dem Jahre 1938 herangezogen. Diese Vorschrift sah vor, dass die Arbeitsverhältnisse bei einem Betriebsübergang übergehen. Dieser Vorgehensweise fehlte allerdings jede gesetzliche Grundlage, denn dieser Entwurf von 1938 kam nicht über das Entwurfsstadium hinaus und wurde nie Gesetz.[7]

Selbst § 571 BGB („Kauf bricht nicht Miete") fand keine analoge Anwendung,[8] da es sich bei dieser Vorschrift um eine Sondernorm aus dem Mietrecht handelt. Diese konnte aber nicht als allgemeiner Grundsatz in das Arbeitsrecht übernommen werden,[9] da diese Bestimmung die Rechtsbeziehung einer Sache behandelt. Geht jedoch ein Arbeitsverhältnis über, liegt zwischen dem Arbeitnehmer und Arbeitgeber eine „personenrechtlich geprägte Bindung" vor.[10]

---

[4] Alsbæk H., 2001, S. 166
[5] Pogge B., 2004, S. 6
[6] Alsbæk H., 2001, S. 166
[7] Gaul D., 1993, S. 29
[8] Pogge B., 2004, S. 9
[9] Alsbæk H., 2001, S. 167
[10] Gaul D., 1993, S. 31

Auch die Bemühung um eine verfassungsrechtliche Auslegung konnte keine Zustimmung finden. Den Gerichten wich dies zu sehr vom Gesetzestext ab. Sie sahen den Rechtsstaat gefährdet, da es keine Garantie mehr für die Rechtssicherheit gäbe.

In der Literatur herrschte bereits vor der Einführung des § 613a BGB die Meinung, dass bei einem Betriebsübergang die Arbeitsverhältnisse vom Betriebsveräußerer auf den Betriebserwerber übergehen. Allerdings konnte dies die Rechtsprechung nicht überzeugen. Es wird also deutlich, dass die Rechte der Arbeitnehmer bis zur Einführung des § 613a BGB im Jahre 1972 bei einem Betriebsübergang nicht gewahrt waren.[11]

Wie die bisherigen Ausführungen zeigen, erkannte man in Deutschland ziemlich bald die Notwendigkeit, die Arbeitnehmerrechte bei einem Betriebsübergang zu schützen. Jedoch wurde es erst durch die Einführung des § 613a BGB möglich, diesen Schutz zu realisieren, denn zuvor fehlte jegliche Grundlage. Die vor Einführung des § 613a BGB unternommenen und bereits dargelegten Versuche, die Rechte der Arbeitnehmer zu schützen, führten nicht zu dem gewünschten Ergebnis. Obwohl es bereits 1938 einen Gesetzesentwurf zum Schutz der Arbeitnehmer vor einem Arbeitsplatzverlust aufgrund eines Betriebsübergangs gab, kam es erst 1972 zur Verwirklichung eines entsprechenden Gesetzes. Grund hierfür sind wohl politische Überlegungen, denn bis 1972 bewertete man die Anliegen der Arbeitgeber scheinbar höher als den Arbeitnehmerschutz. In Deutschland waren Arbeitnehmer demzufolge vor einem Arbeitsplatzverlust auf Grund eines Betriebsübergangs nicht sicher.[12]

Durch § 613a BGB wurde schließlich geregelt, dass bei einem Betriebsübergang die Arbeitsverhältnisse auf den Betriebserwerber übergehen.[13] Dies schützt die Arbeitnehmer nun vor dem Verlust ihrer Arbeitsplätze auf Grund eines Betriebsübergangs.[14] Anfänglich war in § 613a BGB kein Kündigungsschutz vorgesehen.[15] In der Rechtsprechung wurde allerdings die Ansicht vertreten, dass Kündigungen, die anlässlich des Betriebsübergangs ausgesprochen werden, nicht wirksam sind, da dies sonst eine unzulässige Umgehung des § 613a BGB wäre. Somit waren Arbeitnehmer auch schon vor der Einführung einer entsprechenden Vorschrift vor Kündigungen auf Grund eines Betriebsübergangs ausreichend geschützt. Nur in Bezug auf kollektive Vereinbarungen gab es weder per Gesetz einen Übergang auf den Betriebserwerber noch entwickelte die Rechtsprechung einen solchen. Bis zum Erlass der Richtlinie waren die Arbeitnehmer also hinsichtlich kollektiver Vereinbarungen nicht geschützt. Somit gab es hier noch Handlungsbedarf.

Aus den bisherigen Ausführungen wird deutlich, dass in Deutschland die einzelarbeitsrechtlichen Arbeitnehmerrechte überwiegend schon vor Umsetzung der RL 77/187/EWG gesichert waren.[16]

---

[11] Alsbæk H., 2001, S. 167
[12] Alsbæk H., 2001, S. 168
[13] Gaul D., 1993, S. 32
[14] Alsbæk H., 2001, S. 168
[15] Pogge B., 2004, S. 12
[16] Alsbæk H., 2001, S. 168

2.1 Entstehungsgeschichte der Richtlinie

Europarechtliche Grundlagen:

Das Recht der Europäischen Gemeinschaften prägt und gestaltet das nationale Arbeitsrecht immer mehr. Die Kompetenz hierfür wurde den europäischen Organen durch den Maastrichter Vertrag zuerkannt.[17] Durch Artikel 137 EGV ist die Gemeinschaft verpflichtet, die Sozialpolitik der Mitgliedstaaten zu unterstützen und erweitern.[18] Zu den Zielen dieser Sozialpolitik, welche in der Sozialcharta des Europarates und der Gemeinschaftscharta der sozialen Grundrechte festgelegt wurden, gehören u.a. die Verbesserung der Lebens- und Arbeitsbedingungen und ein angemessener sozialer Schutz.[19]

Das Recht der Europäischen Gemeinschaften unterteilt sich in das sogenannte primäre und das sekundäre Gemeinschaftsrecht. Diese beiden Gemeinschaftsrechte haben generell Vorrang vor dem nationalen Recht, um die Funktionsfähigkeit der Gemeinschaften zu gewährleisten. Die Europäische Kommission kontrolliert die Umsetzung und Einhaltung des Gemeinschaftsrechts in den Mitgliedstaaten.[20]

Richtlinien sind dem sekundären Gemeinschaftsrecht zuzuordnen[21] und verpflichten die Mitgliedstaaten, ihr Recht innerhalb eines gewissen Zeitraums an den Inhalt der erlassenen Richtlinie anzupassen. Sie entfalten grundsätzlich keine unmittelbare Wirkung in den Mitgliedsstaaten, sondern bedürfen der Umsetzung in nationales Recht. Durch diese Umsetzung wird das nationale Recht der Einzelstaaten inhaltlich angeglichen.[22]

Die Schaffung eines einheitlichen Marktes innerhalb der Gemeinschaft führte zu einem erweiterten Markt und folglich auch zu mehr Wettbewerb. Viele Unternehmen sahen sich dazu veranlasst, zu fusionieren, sich mit anderen Betrieben zusammenzuschließen oder ihre Strukturen durch Rationalisierungen an die Bedürfnisse des Marktes anzupassen, um trotz der europäischen Konkurrenz weiter bestehen zu können. Jedoch waren durch diese Veränderungen die Arbeitsbedingungen der Arbeitnehmer gefährdet, da deren Rechte beim Betriebsübergang nicht überall gleich geschützt waren. Das deutsche Recht kannte seit 1972 eine Arbeitnehmerschutzvorschrift beim Arbeitgeberwechsel, das französische bereits seit 1928. In Großbritannien und Dänemark hatte ein Betriebsübergang normalerweise eine Beendigung der Arbeitsverträge zur Folge. Im Binnenmarkt existierten also verschiedene Rechtsordnungen, die den Arbeitgeberwechsel alle unterschiedlich behandelten. Es gab allerdings die Befürchtung, dass internationale Konzerne den nicht einheitlichen Kündigungsschutz in den einzelnen Mitgliedstaaten missbrauchen würden, um ihre notwendigen Rationalisierungsmaßnahmen dort vorzunehmen, wo der Arbeitnehmerschutz am schlechtesten war. Daher bestand die Gefahr, dass dies eine regional überhöhte Arbeitslosigkeit zur Folge haben könnte. Allerdings stand die zu befürchtende Schlechterstellung der Arbeitnehmer nicht in Einklang mit Art. 137 des EWG-Vertrages. In diesem Artikel hatten die Mitgliedstaaten festgeschrieben, die Arbeits- und Lebensbedingungen der Arbeitnehmer zu verbessern und im Wege des Fortschritts ihre Angleichung zu erreichen. Es wurde daher notwendig, eine europäische Arbeitnehmerschutzvorschrift einzuführen, die den Arbeitnehmern bei einem Arbeitgeberwechsel eine Übernahme und unveränderte Arbeitsbedingungen zusichert. Weiterhin sollte gewährleistet werden, dass ein Wechsel des Arbeitgebers kein Kündigungsgrund ist.[23]

---

[17] Michalski L., 2005, Rdnr. 50
[18] ec.europa.eu/employment_social/labour_law/index_de.htm
[19] www.bmwa.gv.at/BMWA/Schwerpunkte/Arbeitsrecht/Internationales/EUArbeitsrechtSozial/default.htm
[20] Michalski L.,2005, Rdnr. 51 und 52
[21] Michalski L.,2005, Rdnr. 60
[22] Palandt Bürgerliches Gesetzbuch, 65. Auflage, Einleitung RdNr. 29
[23] Alsbæk H., 2001, S. 22 und 23

Erste Überlegungen, die Rechtsvorschriften in diesem Bereich zu vereinheitlichen, erfolgten, als man danach strebte, das Gesellschaftsrecht in den Mitgliedstaaten zu harmonisieren. Daher wurde im Entwurf für ein Übereinkommen über die internationale Verschmelzung von Aktiengesellschaften vom September 1972 zum ersten Mal versucht, eine Arbeitnehmerschutzvorschrift bei einem Arbeitgeberwechsel auf den Weg zu bringen. Art. 30 dieses Entwurfs beinhaltete eine Arbeitnehmerschutzregelung für die internationale Verschmelzung von Aktiengesellschaften. Allerdings wurde dieser Entwurf nicht verabschiedet. Grund hierfür war die Uneinigkeit unter den Mitgliedstaaten bei der Frage der Mitbestimmung.

Durch den Vorschlag der Kommission der Europäischen Gemeinschaften vom 31. Mai 1974 zum Erlass einer Richtlinie des Rates zur Harmonisierung der Rechtsvorschriften der Mitgliedstaaten über die Wahrung von Ansprüchen und Vergünstigungen der Arbeitnehmer bei Gesellschaftsfusionen, Betriebsübertragungen sowie Betriebszusammenschlüssen wurde der Grundstein zur Verwirklichung der heutigen Richtlinie 77/187/EWG gelegt. Die Kommission hat in diesem Richtlinienvorschlag Maßnahmen aufgezeigt, durch die der beabsichtigte Arbeitnehmerschutz realisiert werden soll. Kernstück des Richtlinienentwurfes war der automatische Übergang der Arbeitsverhältnisse auf den Erwerber bei einer Gesellschaftsfusion oder einem Unternehmens-/Betriebsübergang. Außerdem sollte der neue Arbeitgeber an Arbeitsbedingungen, die kollektivvertraglich begründet sind, gebunden sein. Weiterhin wurde in Art. 4 dieses Entwurfes aufgenommen, dass auf Grund einer Gesellschaftsfusion oder eines Betriebsübergangs keine Kündigungen ausgesprochen werden dürfen. Ferner gab es auch Regelungen, durch die die Stellung und Rechte der Arbeitnehmervertreter sichergestellt werden sollten.[24]

Am 08.04.1975 gab das Europäische Parlament seine Stellungnahme zum Kommissionsentwurf ab. Diese stimmte dem Richtlinienvorschlag zwar zu, beinhaltete jedoch einige Verbesserungsmöglichkeiten:

> - sprachliche Komprimierung der vierten Begründungserwägung der Präambel
> - Änderung von Art. 9
> - Verstärkung der betrieblichen Mitbestimmungsrechte[25]

Gemäß Art. 100 Abs. 2 EWGV muss auch der Wirtschafts- und Sozialausschuss zum Kommissionsentwurf Stellung nehmen; diese Stellungnahme erließ er am 23. und 24.04.1975. Auch er empfahl formulierungsmäßige Verbesserungen und inhaltliche Änderungen.[26] Kollektivvertraglich vereinbarte Arbeitsbedingungen sollten nur solange fortgelten, bis sich die Parteien auf andere Regelungen einigen. Verbandskollektivverträge sollten maximal ein Jahr weiter gelten, außer es kommt schon vorher zu einem Neuabschluss. Das Fortgelten von Verbandskollektivverträgen sollte ferner nicht dadurch unmöglich werden, dass der Erwerber an einen anderen Tarifvertrag gebunden ist als der Veräußerer.[27]

---

[24] Alsbæk H., 2001, S. 23 und 24
[25] Alsbæk H., 2001, S. 24
[26] Alsbæk H., 2001, S. 25
[27] Stellungnahme des Wirtschafts- und Sozialausschusses, ABl. Nr.C 255/25 vom 07.11.1975, Punkt 2.3.3 bis 2.3.5

Im Gegensatz zum Europäischen Parlament, das dazu geraten hat, die „dringenden betrieblichen Bedürfnisse" im Sinne des Art. 4 Abs. 1 S. 2 im Konsultationsverfahren nach Art. 8 Abs. 2 von den Arbeitgebern und Arbeitnehmervertretern gemeinsam festlegen zu lassen, lehnte der Wirtschafts- und Sozialausschuss dies ab. Trotzdem war er der Meinung, dass der Arbeitgeber die Arbeitnehmervertreter im Falle einer Kündigung aus „dringenden betrieblichen Erfordernissen" unbedingt zuvor unterrichten und sich mit ihnen beraten muss. Dadurch sollten für die betroffenen Arbeitnehmer neue Arbeitsplätze mit entsprechenden Vorteilen gesucht werden. Auch den Vorschlag des Europäischen Parlaments in Art. 8, die Arbeitnehmervertreter mindestens zwei Monate vor der „Durchführung des vorgesehenen Vorgangs" darüber zu informieren, lehnte der Wirtschafts- und Sozialausschuss ab, denn er war der Auffassung, dass solch eine feste Frist nicht sinnvoll sei, da es in der Praxis Probleme geben könnte, solche Fristen einzuhalten, denn es kann nicht immer schon mehrere Monate im Voraus bestimmt werden, ob und wann ein Betriebsübergang stattfinden wird.

Allerdings stimmte der Wirtschafts- und Sozialausschuss dem Vorschlag des Europäischen Parlaments insofern zu, dass die Unterrichtung der Arbeitnehmervertreter „rechtzeitig" vor dem Betriebsübergang oder der Fusion erfolgen muss. Ferner schlug der Ausschuss vor, das in Art. 8 des Kommissionsentwurfes geplante verbindliche Schiedsverfahren zur Beilegung von Konflikten zwischen Arbeitgeber und Arbeitnehmervertretern im Zusammenhang mit Strukturveränderungen im Betriebsbereich zu streichen. Dieser Standpunkt wurde damit begründet,[28] dass es in einigen Mitgliedstaaten zwar schon ein solches Schiedsverfahren gebe, dieses aber andererseits den Rechtssystemen in einigen anderen Mitgliedstaaten gänzlich unbekannt sei,[29] da hier andere Streitbeilegungsverfahren angewandt würden. Daher solle es den Parteien freigestellt bleiben, ob sie ein Verfahren nach nationalem, also gewohntem Recht durchführen oder ein nach Art. 8 Abs. 2 vorgesehenes Schiedsverfahren einleiten wollen, wobei der Schiedsspruch bei Letzterem nur dann bindend sein solle, wenn sich die Parteien ihm von vornherein verpflichten.[30]

Die Richtlinie wurde vom Rat schließlich am 14.02.1977 erlassen[31] und gilt bis heute weitestgehend unverändert fort. Überarbeitet wurde die RL 77/187/EWG im Jahr 1998, als der Rat am 29.06.1998 die RL 98/50/EG zur Änderung der RL 77/187/EWG zur Angleichung der Rechtsvorschriften der Mitgliedstaaten über die Wahrung von Ansprüchen der Arbeitnehmer beim Übergang von Unternehmen, Betrieben oder Betriebsteilen verabschiedete. Als erforderlich wurde eine Ergänzung der RL 77/187/EWG auf Grund der Christel-Schmidt-Entscheidung erachtet, um auszuschließen, dass die Richtlinie bei reinen Funktionsnachfolgen angewandt wird. Die Kommission legte daher am 08.09.1994 anlässlich der kurz zuvor ergangenen Christel-Schmidt-Entscheidung des EuGH vom 14.04.1994 einen Entwurf für eine neue Richtlinie zum Betriebs- und Unternehmensübergang vor. Die notwendigen Stellungnahmen wurden abgegeben, der Entwurf anschließend entsprechend abgeändert und von der Kommission am 24.02.1997 wiederum vorgelegt.[32]

---

[28] Alsbæk H., 2001, S. 25
[29] Baur J. F., Hopt K. J., Mailänder K. P., 1990, S. 1131
[30] Alsbæk H., 2001, S. 25
[31] Pogge B., 2004, S. 15
[32] Alsbæk H., 2001, S. 25 und 26

Allerdings wurde auch der überarbeitete Entwurf abgelehnt. Daher arbeitete Großbritannien einen eigenen Vorschlag aus. Diesem stimmten die Regierungen der Mitgliedstaaten der Europäischen Union am 04.06.1997 zu. Auf Grundlage dieses Vorschlags erließ der Rat am 29.06.1998 die RL 98/50/EG zur Änderung der RL 77/187/EWG.[33] In der Änderungsrichtlinie 98/50/EG wurden die Art. 1 bis 7 weitgehend neu gefasst. Überwiegend wurden in die Änderungsrichtlinie Bestätigungen der Rechtsprechung des EuGH eingearbeitet. Diese Regelungen haben keine Änderung der gängigen Praxis zur Folge, sondern besitzen nur eine klarstellende Funktion. Dennoch wurde in der Änderungsrichtlinie die bisherige Rechtslage auch faktisch geändert, z.B. in haftungsrechtlichen Fragen, im Hinblick auf die Behandlung von Betriebsübergängen im Insolvenzfall, besondere Maßnahmen in einer wirtschaftlichen Notlage etc.[34]

Grundlage für den Betriebsübergang ist in Europa nun die RL 2001/23/EG des Rates vom 12.03.2001 zur Angleichung der Rechtsvorschriften der Mitgliedstaaten über die Wahrung von Ansprüchen der Arbeitnehmer beim Übergang von Unternehmen, Betrieben oder Unternehmens- oder Betriebsteilen. Durch Art. 12 dieser Richtlinie wurde die bisherige Rechtsgrundlage, RL 77/187/EWG, welche durch die RL 98/50/EG geändert wurde, aufgehoben. Die Änderung erfolgte entsprechend den Gründen aus Ziffer 8 nur deshalb, um „Rechtssicherheit und Transparenz" zu schaffen. Der Anwendungsbereich der RL 77/187/EWG wurde durch die neue Richtlinie nicht geändert. Die Art. 1 bis 11 der RL 2001/23/EG sind zu 100% identisch mit den Art. 1 bis 8 der geänderten RL 77/187/EWG. In Art. 12 bis 14 der RL 2001/23/EG sind europäische Verfahrensregeln enthalten; materielle Aussagen sowohl zum Tatbestand als auch zu den Rechtsfolgen von Betriebsübergängen fehlen darin jedoch.[35]

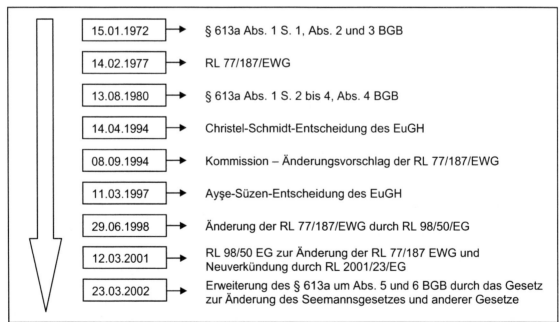

Abb. 1: Entstehungsgeschichte des § 613a BGB[36]

[33] Pogge B., 2004, S. 19
[34] Alsbæk H., 2001, S. 26
[35] Meyer H., 2004, S. 27 und 28
[36] Pogge B., 2004, S. 20 // www.rz.uni-leipzig.de/~bras/06s/src/euroarbr_folien_betriebsuebergang_danko.pdf, S. 9 // www.jura.uni-rostock.de/Hucke/Files/Finckenstein/PowerPoint%20Arbeitsrechtliche%20Aspekte%20beim%20Unternehmenskauf.pdf, S. 9

2.2 RL 77/187/EWG

2.2.1 Anwendungsbereich der Richtlinie

<u>Sachlicher Anwendungsbereich</u>

Anzuwenden ist die Richtlinie bei einem Übergang von Unternehmen, Betrieben oder Betriebsteilen auf einen anderen Rechtsträger im Wege der vertragliche Übertragung oder Verschmelzung.[37] Demzufolge ist notwendig, dass es beim Übergang zu einem Inhaberwechsel kommt und dass dem Übergang ein Vertrag oder eine Verschmelzung zugrunde liegen muss.

Auf Seeschiffe findet die Richtlinie gem. Art. 1 Abs. 3 keine Anwendung, denn die Rechtsordnungen in den Mitgliedstaaten weisen in diesen Bereichen so gravierende Unterschiede auf, dass es nicht möglich war, sich bei der Einbeziehung der Seeschiffe zu einigen.[38]

(1) Begriff des Unternehmens, Betriebes und Betriebteiles

Weder die ursprüngliche RL 77/187/EWG noch der EuGH in seiner Rechtssprechung definierten die Begriffe Betrieb oder Betriebsteil.[39] Der EuGH legte allerdings einen gemeinsamen Oberbegriff fest, und zwar den der wirtschaftlichen Einheit. Anders ausgedrückt hat der EuGH mit dem Begriff der wirtschaftlichen Einheit eine Mindestanforderung definiert; geht die wirtschaftliche Einheit über, kann dies die Rechtsfolgen der Richtlinie nach sich ziehen.

Im Fall Spijkers ./. Gebroeders Benedikt Abattoir C.V. hat der EuGH eines der wichtigsten Urteile zur Festlegung des Anwendungsbereiches der RL 77/187/EWG gefällt und den Begriff der „wirtschaftlichen Einheit" geformt. Ein Übergang gemäß der Richtlinie liegt demnach vor, wenn eine ihre Identität wahrende wirtschaftliche Einheit übergeht. Um zu prüfen, ob diese Voraussetzung gegeben ist, war es erforderlich, alle Fakten, die für diesen Vorgang von Bedeutung waren, zu beachten. Hierzu gehören:[40]

> - Um was für ein Unternehmen oder einen Betrieb handelt es sich?
> - Gehen die materiellen Aktiva zum Zeitpunkt des Übergangs über?
> - Übernimmt der Erwerber die Hauptbelegschaft?
> - Geht die Kundschaft mit über?
> - Inwiefern sind sich die verrichtete Tätigkeit vor und nach dem Übergang noch ähnlich?
> - Falls die Tätigkeit unterbrochen wird: Wie lange dauert die Unterbrechung?[41]

---

[37] Art. 1 Abs. 1 RL 77/187/EWG ABl., Nr. L 61 vom 05.03.1977 S. 26ff
[38] Alsbæk H., 2001, S. 27
[39] Birk, Münchner Handbuch zum Arbeitsrecht, 2000, Rdnr. 222
[40] Alsbæk H., 2001, S. 27
[41] BAG AP Nr. 186 zu § 613a BGB, zu den Gründen B I 1

Zwar sind diese Umstände nur Teilaspekte, dennoch sind diese global zu bewerten und können daher nicht einzeln betrachtet werden. Der EuGH hat dadurch immerhin festgelegt, welche Faktoren bei der Begriffsbestimmung der wirtschaftlichen Einheit und der Wahrung deren Identität zu berücksichtigen waren, allerdings ist der Begriff an sich wegen der ungenügenden Definition dennoch unscharf. Obwohl der EuGH in seinen darauffolgenden Entscheidungen den Begriff der wirtschaftlichen Einheit immer wieder gebrauchte, um einen Betriebsübergang festzustellen, erläuterte er auch in diesen Entscheidungen nicht, was eine wirtschaftliche Einheit sei. Er begnügte sich stattdessen wie schon bei der Spijkers-Entscheidung mit dem Verweis, dass bei der Prüfung des Vorhandenseins einer wirtschaftlichen Einheit sämtliche Umstände des Einzelfalls zu berücksichtigen seien.

Erst im Falle Ayşe Süzen hat der EuGH definiert, was man unter einer wirtschaftlichen Einheit zu verstehen hat.[42] Eine wirtschaftliche Einheit ist demnach eine auf Dauer angelegte organisierte Gesamtheit von Personen und Sachen zur Ausübung einer wirtschaftlichen Tätigkeit mit eigener Zielsetzung.[43] Dadurch wurde zum ersten Mal der Begriff „wirtschaftliche Einheit" definiert. Analog zur Spijkers-Entscheidung sind bei der Frage, ob eine auf Dauer angelegte organisierte Gesamtheit von Personen und Sachen zur Ausübung einer wirtschaftlichen Tätigkeit vorliegt, alle Umstände des Einzelfalls zu berücksichtigen. In der Ayşe-Süzen-Entscheidung hat der EuGH klargestellt, dass die bloße Auftragsnachfolge (= Funktionsnachfolge) nicht von der Richtlinie umfasst ist. Dadurch hat der EuGH die seit der Christel-Schmidt-Entscheidung herrschende Diskussion, inwiefern die Richtlinie auch im Falle einer Funktionsnachfolge angewendet wird, beendet. In der Richtlinie 98/50/EG des Rates vom 29.6.1998 hat man dies zur Rechtssicherheit und Klarheit bestätigt und in Art. 1 Abs. 1 lit. b geregelt, dass Voraussetzung für die Anwendbarkeit der Richtlinie ist, dass „eine ihre Identität bewahrende wirtschaftliche Einheit im Sinne einer organisierten Zusammenfassung von Ressourcen zur Verfolgung einer wirtschaftlichen Haupt- oder Nebentätigkeit übergegangen ist".[44]

Weil die Richtlinie 98/50/EG und die Rechtsprechung des EuGH den Begriff der wirtschaftlichen Einheit und damit eine Mindestanforderung definiert haben, ist es nicht notwendig, die Begriffe Unternehmen, Betrieb und Betriebsteil einzeln zu regeln. Um die Richtlinie also überhaupt anwenden zu können, muss eine wirtschaftliche Einheit vorhanden sein.[45]

(2) Inhaberwechsel

Eine weitere Voraussetzung, um die Richtlinie anwenden zu können ist, dass ein Unternehmens-/Betriebsteil-/Betriebsinhaberwechsel vorliegt, die wirtschaftliche Einheit also auf einen neuen Inhaber übergegangen ist. Folglich muss es zu einem Wechsel der natürlichen oder juristischen Person kommen.[46]

---

[42] Alsbæk H., 2001, S. 28
[43] Urteil des EuGH vom 11.03.1997, Rs. 13/95 Entscheidungsgrund 13
[44] Alsbæk H., 2001, S. 28
[45] Alsbæk H., 2001, S. 28 und 29
[46] Alsbæk H., 2001, S. 29

Daher ist der Anwendungsbereich der Richtlinie nicht eröffnet, wenn eine Gesellschaft Inhaberin eines Unternehmens oder Betriebes ist und sich lediglich ein Gesellschafterwechsel vollzieht, denn die Gesellschaft bleibt weiterhin Inhaberin des Unternehmens bzw. Betriebes.

Berechtigt ist natürlich die Frage, wann überhaupt ein Inhaberwechsel vorliegt und diesbezüglich vor allem, inwiefern der neue Inhaber Eigentümer des Unternehmens, Betriebes oder Betriebsteils werden muss. Hierzu hat der EuGH in der bereits dargelegten Spijkers-Entscheidung festgestellt, dass ein Inhaberwechsel nur dann gegeben ist, wenn die wirtschaftliche Einheit von einem neuen Inhaber auch wirklich fortgeführt wird.[47] Danach ist also die tatsächliche Ausübung der Geschäftsführung ausschlaggebend.[48] Es ist folglich nicht von Bedeutung, dass der „neue Inhaber" auch Eigentümer des Unternehmens bzw. des Betriebes oder Betriebsteiles wurde. Gleichwohl ist es irrelevant, ob der neue Inhaber rechtlich zur Geschäftsführung ermächtigt ist. Der EuGH hat entschieden, dass die Richtlinie auch dann anzuwenden ist, wenn der Betrieb nur an einen neuen Inhaber verpachtet wurde. Daher ist es ausschlaggebend, dass die Person, die das Unternehmen oder den Betrieb tatsächlich als ihr Eigenes führt, wechselt.[49] Es ist jedoch nicht notwendig, dass das Eigentum an dem Unternehmen, Betrieb oder Betriebsteil übertragen wird.[50]

Außerdem muss der Betriebsübergang durch eine vertragliche Übertragung oder eine Verschmelzung zustande kommen.[51] Vom EuGH wird der Begriff der vertraglichen Übertragung sehr weit ausgelegt und daher für die Anwendbarkeit der Richtlinie kein Eigentumsübergang an dem Unternehmen bzw. Betrieb oder Betriebsteils vorausgesetzt. Wie schon zuvor dargelegt, ist ausschlaggebend, dass die Tätigkeit der wirtschaftlichen Einheit unter neuer Führung fortbesteht. Daher wurde vom EuGH festgelegt, dass die Richtlinie bei einer Rückübertragung eines gepachteten Betriebes an den Verpächter Anwendung findet. Nach Ansicht des EuGH liegt auch dann ein vertraglicher Übergang vor, wenn wie im Fall Stichting von einer öffentlich-rechtlichen Körperschaft eine Subvention neu vergeben wird.[52]

Ebenfalls irrelevant ist, ob der Betriebsübergang in mehreren Schritten erfolgt. Der EuGH hat entschieden, dass es sich bei zwischen zwei aufeinanderfolgenden Pächtern um einen Betriebsübergang handelt, wenn ein Betrieb an den Verpächter rückübertragen und anschließend neu verpachtet wird. Eine ähnliche Situation gab es im Fall Bork. Ein Buchenfurnierwerk wurde anfangs vom Eigentümer vermietet und als das Mietverhältnis beendet wurde, an einen neuen Betreiber verkauft. Vom EuGH wurde ein Betriebsübergang zwischen Mieter und Käufer bejaht.[53]

In der Richtlinie wird nicht erläutert, was unter dem Begriff Verschmelzung zu verstehen ist.[54] Jedoch enthält die Richtlinie über die internationale Fusion von Aktiengesellschaften in Art. 3 und 4 eine Begriffsbestimmung zur Verschmelzung, weswegen man auf diese Richtlinie zurückgreift. Hier werden zwei Arten von Verschmelzungen unterschieden:[55]

---

[47] Alsbæk H., 2001, S. 29
[48] Birk, Münchner Handbuch zum Arbeitsrecht, 2000, Rdnr. 226
[49] Alsbæk H., 2001, S. 29
[50] Birk, Münchner Handbuch zum Arbeitsrecht, 2000, Rdnr. 226
[51] Birk, Münchner Handbuch zum Arbeitsrecht, 2000, Rdnr. 227
[52] Alsbæk H., 2001, S. 29 und 30
[53] Alsbæk H., 2001, S. 30
[54] Birk, Münchner Handbuch zum Arbeitsrecht, 2000, Rdnr. 229
[55] Alsbæk H., 2001, S. 30

Verschmelzung durch Aufnahme	Verschmelzung durch Neugründung
Eine Verschmelzung durch Aufnahme liegt gem. Art. 3 vor, wenn „eine Gesellschaft ihr gesamtes Aktiv- und Passivvermögen im Wege der Auflösung ohne Abwicklung auf eine andere Gesellschaft überträgt".	Eine Verschmelzung durch Neugründung liegt gem. Art. 4 Abs. 1 dann vor, wenn „mehrere Gesellschaften ihr gesamtes Aktiv- und Passivvermögen ohne Abwicklung auf eine Gesellschaft, die sie gründen, übertragen".

Demnach kann die Richtlinie 77/187/EWG sowohl auf die Verschmelzung durch Aufnahme als auch auf die Verschmelzung durch Neugründung angewendet werden.[56]

persönlicher Anwendungsbereich

(1) Begriff des Arbeitnehmers
Die Richtlinie hat den Zweck, die Interessen der Arbeitnehmer des zu übertragenden Unternehmens bzw. Betriebes oder Betriebsteiles zu sichern.[57]

Daher werden in der Richtlinie häufig die Begriffe Arbeitsverhältnis bzw. Arbeitsvertrag und Arbeitnehmer gebraucht. In Art. 3 Abs. 1, dem Kern der Richtlinie, ist verankert, dass die Rechte und Pflichten aus einem Arbeitsverhältnis, das zum Zeitpunkt des Übergangs bestand, vom Veräußerer auf den Erwerber übergehen. Jedoch wird in der Richtlinie nicht näher erläutert, was unter einem Arbeitsverhältnis oder Arbeitsvertrag zu verstehen ist. Dies resultiert aus politischen Überlegungen, denn man wollte mit der Richtlinie keine totale Harmonisierung erreichen. Man wollte im Gemeinschaftsrecht den Arbeitnehmerbegriff nicht definieren; vielmehr sollte jeder Mitgliedstaat den Arbeitnehmerbegriff selbst definieren. Als Begründung hieß es, dass man verhindern wolle, dass in einigen Mitgliedstaaten Personen als Arbeitnehmer betrachtet werden, die dann möglicherweise nicht in den Geltungsbereich der Richtlinie fallen würden.

Gemäß der EuGH-Rechtsprechung ist es also Aufgabe der Mitgliedstaaten, den Begriff näher zu beschreiben. Jedoch hat der EuGH in seinen Ausführungen indirekt dennoch eine Konkretisierung vorgenommen, indem er bestimmt, dass die Richtlinie nur auf Personen angewendet werden kann, „die auf die eine oder andere Weise nach den Rechtsvorschriften des betreffenden Mitgliedstaates als Arbeitnehmer geschützt werden". Darüber hinaus ist in der Änderungsrichtlinie 98/50/EG getreu der bisherigen Rechtsprechung in Art. 2 Abs. 2 ausgeführt worden, dass folgende Gründe allein nicht ausreichen, um den Arbeitnehmer aus dem Anwendungsbereich der nationalen Umsetzungsvorschriften fallen zu lassen:[58]

---

[56] Alsbæk H., 2001, S. 30
[57] BAG, Urt. vom 31.1.2008 – 8 AZR 27/07, Entscheidungsgründe B III c bb
[58] Alsbæk H., 2001, S. 32 und 33

> - Der Arbeitnehmer leistet nur eine bestimmte Zahl von Arbeitsstunden (Teilzeitbeschäftigter)
> - Der Arbeitnehmer ist lediglich im Rahmen eines befristeten Arbeitsverhältnisses beschäftigt
> - Der Arbeitnehmer arbeitet im Rahmen von Leiharbeitsverhältnissen und das Unternehmen, der Betrieb oder Betriebsteil des Verleihunternehmens ist im Sinne der Richtlinie von einem Übergang betroffen.[59]

Außerdem sei es, wie schon erwähnt, Aufgabe der Mitgliedstaaten, den Begriff des Arbeitnehmers zu konkretisieren. Daher kann in der Richtlinie kein persönlicher Anwendungsbereich definiert werden, denn es kommt darauf an, wie die jeweiligen Mitgliedstaaten den Begriff des Arbeitnehmers im Arbeitsrecht auslegen. Daher gibt es in den einzelnen Mitgliedstaaten einen unterschiedlichen persönlichen Anwendungsbereich.[60]

(2) Bestehen des Arbeitsverhältnisses zum Zeitpunkt des Betriebsüberganges
Im Zeitpunkt des Übergangs muss das Arbeitsverhältnis existieren.[61] Im Fall Wendelboe hat dies auch der EuGH bejaht. Arbeitnehmer können sich also nur auf die Richtlinie beziehen wenn ihr Arbeitsverhältnis zum Zeitpunkt des Betriebsübergangs noch bestanden hat. Aus diesem Grund ist ausschlaggebend, wann der Betriebsübergang stattfand, damit überprüft werden kann, ob ein Übergang des Arbeitsverhältnisses auf den Betriebserwerber erfolgt ist, weil es zum Zeitpunkt des Betriebsübergangs noch bestanden hat.

Um zu beurteilen, ob ein Betriebsübergang vorliegt, kann man entweder den Zeitpunkt des Vertragsschlusses heranziehen oder den Zeitpunkt der tatsächlichen Übernahme des Unternehmens, Betriebes oder Betriebsteiles.

Der Wortlaut der Richtlinie spricht für die zweite Variante, denn in der deutschen Fassung ist in Art. 1 Abs. 1 von einem Übergang von Unternehmen, Betrieben oder Betriebsteilen auf einen anderen Inhaber mittels Vertrag oder Verschmelzung die Rede. Durch diese Formulierung entstand die Annahme, dass für den Gemeinschaftsgesetzgeber der Vertragsschluss Rechtsgrund des Übergangs ist und nur die faktische Übertragung selbst der eigentliche Betriebsübergang ist. Verstärkt wird diese Ansicht sowohl von der englischen, dänischen als auch französischen Version des Art. 1 Abs. 1.[62]

räumlicher Anwendungsbereich

Anwendbar ist die Richtlinie laut Art. 1 Abs. 2 in räumlicher Hinsicht dann, „wenn sich das Unternehmen, der Betrieb oder der Betriebsteil, das bzw. der übergeht, innerhalb des territorialen Geltungsbereiches des Vertrages befindet".[63]

---

[59] Art. 2 Abs. 2 RL 2001/23/EG ABl., Nr. L 82 vom 22.03.2001 S. 16ff
[60] Alsbæk H., 2001, S. 33
[61] Art. 3 Abs. 1 RL 77/187/EWG ABl., Nr. L 61 vom 05.03.1977 S. 26ff
[62] Alsbæk H., 2001, S. 33 und 34
[63] Birk, Münchner Handbuch zum Arbeitsrecht, 2000, Rdnr. 220

In Art. 227 Abs. 1 EGV wird der räumliche Geltungsbereich des Vertrages aufgezeigt. Demnach ist der Vertrag für das Königreich Belgien, das Königreich Dänemark, die Bundesrepublik Deutschland, die Republik Griechenland, das Königreich Spanien, die Französische Republik, Irland, die Italienische Republik, das Großherzogtum Luxemburg, das Königreich der Niederlande, die Republik Österreich, die Portugiesische Republik, die Republik Finnland, das Königreich Schweden und das Vereinigte Königreich Großbritannien und Nordirland bindend.[64]

2.2.2 Rechtsfolgen der Richtlinie

Übergang der Arbeitsverhältnisse

Die Rechte und Pflichten aus einem Arbeitsverhältnis, das zum Zeitpunkt des Übergangs besteht, gehen auf den Erwerber über.[65]

Ein Betriebs(teil)übergang hat zur Folge, dass der Erwerber automatisch und direkt in die Rechte und Pflichten aus den Arbeitsverhältnissen eintritt. Um also in die Arbeitsverhältnisse einzutreten, muss der Betriebserwerber nicht gesondert aktiv werden. Der Erwerber wird allein durch den Betriebsübergang Arbeitgeber und somit Vertragspartner der Arbeitnehmer in dem betreffenden Betrieb. Dies heißt aber auch, dass in der RL 77/187/EWG im Art. 3 Abs. 1 S. 1 vom Grundsatz der Vertragsfreiheit abgewichen worden ist, denn der Betriebserwerber bekommt Vertragspartner (= Arbeitnehmer), obwohl er mit diesen keinen Vertrag geschlossen hat.

Allerdings erhält auch der Arbeitnehmer gezwungenermaßen einen neuen Vertragspartner, weil der Betrieb auf einen neuen Inhaber übergeht und der Arbeitnehmer somit einen neuen Arbeitgeber erhält. In Deutschland war man anfangs der Meinung, dass durch solch einen aufgezwungenen Arbeitgeberwechsel zum einen die Vertragsfreiheit des Arbeitnehmers beeinträchtigt und zum anderen die Menschenwürde und das Grundrecht auf freie Berufsausübung des Arbeitnehmers verletzt wird. Daher wurde den Arbeitnehmern zugestanden, dass sie dem Übergang ihres Arbeitsverhältnisses widersprechen können.

Die Richtlinie beinhaltet ein solches Widerspruchsrecht allerdings nicht. Der automatische Übergang des Arbeitsverhältnisses dient dem Schutz des Arbeitnehmers. Man muss sich daher Gedanken darüber machen, ob man dem Arbeitnehmer diesen Schutz auch aufzwingen kann, obwohl ihm dies nicht wichtig ist. Zu dieser Frage hat sich der EuGH zum ersten Mal im Urteil Berg und Busschers geäußert. Das nationale Gericht hat dem EuGH die Frage vorgelegt,[66] ob der Veräußerer auf Grund des Betriebsübergangs von seinen Pflichten aus dem Arbeitsvertrag entbunden wird, selbst wenn die in dem Betrieb beschäftigten Arbeitnehmer dem nicht zustimmen oder Einwände dagegen erheben.[67]

Der EuGH hat dies bejaht, allerdings nur, sofern die Mitgliedstaaten geregelt haben, dass Veräußerer und Erwerber nicht gesamtschuldnerisch haften.[68]

---

[64] Alsbæk H., 2001, S. 36
[65] Art. 3 Abs. 1 S. 1 RL 77/187/EWG ABl, Nr. L 61 vom 05.03.1977 S. 26ff
[66] Alsbæk H., 2001, S. 37
[67] EuGH-Entscheidung vom 05.05.1988 – Rs. 144/87, Punkt 5.1
[68] EuGH-Entscheidung vom 05.05.1988 – Rs. 144/87, Punkt 14

Diese Schlussfolgerung wurde auf den Vergleich zwischen dem ersten und zweiten Unterabsatz des Art. 3 Abs. 1 der Richtlinie gestützt,[69] denn Satz 1 regelt, dass die Rechte und Pflichten aus dem Arbeitsvertrag auf den Erwerber übergehen und Satz 2 legt fest, dass die Mitgliedstaaten entscheiden können, ob der bisherige Betriebsinhaber neben dem Erwerber für Pflichten aus dem Arbeitsvertrag haften muss.[70]

Der Gesetzgeber muss aber der Ansicht gewesen sein, dass der Veräußerer auf Grund des Betriebsüberganges nicht mehr für Pflichten aus dem Arbeitsverhältnis einstehen muss, denn andernfalls wäre Art. 3 Abs. 1 S. 2 RL 77/187/EWG überflüssig.[71] Entsprechend der Richtlinie ist es also nicht erforderlich, dass die betroffenen Arbeitnehmer zustimmen müssen, dass der Betriebsveräußerer aus der Haftung entlassen wird.[72]

Allerdings hat der EuGH anlässlich von zwei Vorabentscheidungsersuchen deutscher Arbeitsgerichte entschieden, dass es dem Arbeitnehmer durch die RL 77/187/EWG möglich ist, sein Beschäftigungsverhältnis zu den selben Bedingungen, wie sie mit dem Veräußerer beschlossen waren, auch mit dem Betriebserwerber weiterzuführen. Der Arbeitnehmer ist jedoch durch die Richtlinie nicht gezwungen, sein Arbeitsverhältnis mit dem Betriebserwerber fortzusetzen. Eine solche Verpflichtung würde dem Grundrecht des Arbeitnehmers entgegenstehen, dass er seinen Arbeitgeber frei wählen kann und nicht gezwungen werden kann, für jemanden zu arbeiten, den er sich nicht aus freien Stücken ausgesucht hat. Darin hat der EuGH in seiner Rechtsprechung keinen Widerspruch gesehen weil es in Berg und Busschers einen ganz anderen Fall zu entscheiden galt.[73] Der Arbeitnehmer hatte nicht die Absicht, dem Übergang seines Arbeitsverhältnisses zu widersprechen, sondern lediglich dem Übergang der Verpflichtungen des Betriebsveräußerers auf den Betriebserwerber.[74] Im Fall Berg und Buschers ging es letzten Endes also lediglich darum, den Veräußerer aus der Haftung zu entlassen wohingegen es in diesem Fall bzw. diesen Fällen darum ging, dem Übergang der Arbeitsverhältnisse zu widersprechen. Somit nötigt die Richtlinie nach Meinung des EuGH nur den Betriebserwerber, nicht jedoch die Arbeitnehmer, das Arbeitsverhältnis zwischen Betriebserwerber und Arbeitnehmer weiterzuführen.

Allerdings gibt es in Art. 3 Abs. 3 der Richtlinie eine Ausnahme in Bezug auf den Übergang der Rechte und Pflichten aus den Arbeitsverhältnissen auf den Betriebserwerber, denn laut dieser Vorschrift sind die Absätze 1 und 2 nicht für die Rechte der Arbeitnehmer auf Leistungen bei Alter, Invalidität oder für Hinterbliebene aus betrieblichen oder überbetrieblichen Zusatzversorgungseinrichtungen außerhalb der gesetzlichen Systeme der sozialen Sicherheit der Mitgliedstaaten anwendbar. Demzufolge ist der Betriebserwerber nicht an eine individual- oder kollektivvertragliche Versorgungszusage des Veräußerers gebunden.[75]

---

[69] Alsbæk H., 2001, S. 37
[70] EuGH-Entscheidung vom 05.05.1988 – Rs. 144/87, Punkt 10
[71] Alsbæk H., 2001, S. 37
[72] EuGH-Entscheidung vom 05.05.1988 – Rs. 144/87, Punkt 11
[73] Alsbæk H., 2001, S. 38
[74] EuGH-Entscheidung vom 16.12.1992 – Rs. C-132/91, Punkt 24
[75] Alsbæk H., 2001, S. 38

Kündigungsschutz

Ein Betriebsübergang ist weder für den Erwerber noch für den Veräußerer ein zulässiger Grund, einem Arbeitnehmer die Kündigung auszusprechen.[76] Das heißt, dass nicht auf Grund des Betriebsübergangs gekündigt werden darf.[77] Eine Kündigung aus wirtschaftlichen, technischen oder organisatorischen Gründen ist allerdings möglich.[78]

Über die Bedeutung des Art. 4 Abs. 1 wird in der Richtlinie nichts erwähnt. Der EuGH legt in einem obiter dictum[79] (ein obiter dictum ist eine Rechtsansicht, die ein Gericht in einem Urteil verlautbart hat; diese dient nicht zur Urteilsbegründung und ist somit nicht bindend. Möglicherweise nimmt sie aber spätere Entscheidungen zu dieser Frage vorweg)[80] im Fall Kommission der Europäischen Gemeinschaften gegen Königreich Belgien (Urteil des EuGH vom 15. April 1986, Rs. 237/84) dar, dass aus dem Wortlaut des Art. 4 Abs. 1, aber auch aus dem System der Richtlinie ersichtlich sei, dass die betreffende Bestimmung die Ansprüche der Arbeitnehmer dadurch wahren soll, dass sie den Arbeitnehmern den Kündigungsschutz, den sich nach nationalem Recht genießen, auch auf den Fall erstreckt, dass ein Wechsel des Arbeitgebers auf Grund eines Betriebsüberganges geschieht.

Diese Bestimmung kann also immer dann angewendet werden, wenn von einem Übergang betroffene Arbeitnehmer nach nationalem Recht irgendeinen, egal wie umfangreichen, Schutz genießen, mit der Konsequenz, dass den tangierten Arbeitnehmern dieser Schutz nicht allein auf Grund des Übergangs genommen werden kann. Durch diese Auffassung könnte die Vermutung entstehen, dass es dem EuGH in Art. 4 Abs. 1 der RL 77/187/EWG nicht um ein eigenständiges Kündigungsverbot ging, sondern nur darum, dass sichergestellt ist, dass eine Kündigung beim Betriebsübergang rechtlich genauso behandelt wird wie eine Kündigung, die nicht im Zusammenhang mit dem Übergang ausgesprochen wird.

Allerdings steht dem die Systematik des Art. 4 RL 77/187/EWG entgegen. Würde man davon ausgehen, dass Art. 4 Abs. 1 S. 1 nur den Zweck hat, bei einem Betriebsübergang den normalen Kündigungsschutz zu garantieren, Art. 4 Abs. 1 S. 1 also kein selbstständiger Kündigungsschutz ist, so würde aber wiederum Art. 4 Abs. 1 S. 3 RL 77/187/EWG sinnlos sein. Die Mitgliedstaaten können demnach Arbeitnehmer aus dem Schutzbereich des Art. 4 Abs. 1 S. 1 der RL 77/187/EWG ausklammern, die bei ihnen keinen Kündigungsschutz haben. Weil diese aber nach der gerade beschriebenen Auslegung ohnehin nicht geschützt wären, ist Art. 4 Abs. 1 S. 1 der Richtlinie sehr wohl ein eigenständiges Kündigungsverbot.[81]

(1) Anwendbarkeit des Kündigungsschutzes
Wie gerade aufgezeigt, können Mitgliedstaaten festlegen, dass der sich aus Art. 4 Abs. 1 der Richtlinie ergebende Kündigungsschutz nicht für jene Arbeitnehmer gilt,[82]

---

[76] Art. 1 Abs. 1 S. 1 RL 77/187/EWG ABl, Nr. L 61 vom 05.03.1977 S. 26ff
[77] Alsbæk H., 2001, S. 39
[78] Art. 4 Abs. 1 S. 2 RL 77/187/EWG ABl, Nr. L 61 vom 05.03.1977 S. 26ff
[79] Alsbæk H., 2001, S. 39
[80] www.lexexakt.de/glossar/obiterdictum.php
[81] Alsbæk H., 2001, S. 39 und 40
[82] Alsbæk H., 2001, S. 40

„die nach dem Recht oder der Praxis des nationalen Rechts nicht von einer Kündigung geschützt sind". Darunter fallen allerdings keine Arbeitnehmer, die einen eingeschränkten Kündigungsschutz haben. Vom Anwendungsbereich des Art. 4 Abs. 1 S. 1 RL 77/187/EWG dürfen nur jene Arbeitnehmer ausgeschlossen werden, die in ihrem jeweiligen Mitgliedstaat überhaupt keinen Kündigungsschutz genießen. Dies ist analog dem Wortlaut des Art. 4 Abs. 1 S. 3 und ebenso vom EuGH in der Sache EG-Kommission gegen Königreich Belgien (Urteil des EuGH vom 15. April 1986, Rs. 237/84) bekräftigt worden. Der EuGH hat festgehalten, dass die Ausnahme des Art. 4 Abs. 1 S. 3 hiernach eng auszulegen ist, so dass nur Arbeitnehmer tangiert sind, die in ihrem Land gar keinen Schutz gegen Kündigungen haben.[83]

(2) Rechtsfolgen eines Verstoßes gegen das Kündigungsverbot

Wird das Kündigungsverbot nicht beachtet, richten sich die Folgen nach den jeweiligen nationalen Bestimmungen. Dies geht aus der Entstehungsgeschichte der Richtlinie hervor. In dem Entwurf einer Richtlinie zur Harmonisierung der Rechtsvorschriften der Mitgliedstaaten über die Wahrung von Ansprüchen und Vergünstigungen der Arbeitnehmer bei Gesellschaftsfusionen, Betriebsübertragungen sowie Betriebszusammenschlüssen des Rates der Europäischen Gemeinschaften wurde angeregt, folgenden Absatz 2 in Art. 4 einzufügen:

„Die Rechtsfolgen einer nach Absatz 1 unzulässigen Kündigung bestimmen sich nach den Rechts- und Verwaltungsvorschriften der Mitgliedstaaten…"

In der Richtlinie ist ein entsprechender Absatz weggelassen worden, denn diese Folge ergibt sich aus Art. 4 Abs. 1 der Richtlinie. Dies lässt sich aus dem Zusammenspiel von Unterabsatz 1 und Unterabsatz 2 ableiten. Der Unterabsatz 1 legt nur fest, dass ein Betriebsübergang kein Kündigungsgrund sein darf wohingegen Unterabsatz 2 es explizit den Mitgliedstaaten freistellt, ob sie für jene Arbeitnehmer, die nach nationalem Recht keinen Kündigungsschutz genießen, den Anwendungsbereich der Richtlinie gelten lassen wollen. Dadurch, dass sich die Richtlinie in Art. 2 auf den nationalen Kündigungsschutz bezieht, wird ersichtlich, dass sich die Rechtsfolgen nach dem Kündigungsschutzrecht des betreffenden Landes richten. Allerdings können die Mitgliedstaaten nicht völlig frei entscheiden, was für eine Rechtsfolge sie für eine unzulässige Kündigung entscheiden. Man verpflichtete die Mitgliedstaaten, eine wirksame Sanktion zu wählen, die nicht nur symbolischen Charakter besitzt.[84]

Haftung

Da der Erwerber in die Arbeitsverhältnisse eintritt, hat er auch für die Forderungen der Arbeitnehmer geradezustehen. Dem gehen allerdings auch viele Fragen einher, z.B. für welche Forderungen der Erwerber haften muss oder wie sich die Haftung zwischen Erwerber und Betriebsveräußerer regelt.[85]

---

[83] Alsbæk H., 2001, S. 40
[84] Alsbæk H., 2001, S. 41
[85] Alsbæk H., 2001, S. 42

(1) Haftung des Betriebserwerbers

Aus Art. 3 Abs.1 der Richtlinie geht wie schon erläutert hervor, dass der Erwerber für sämtliche Ansprüche aus dem Arbeitsverhältnis haften muss. Diese Vorschrift hat also zur Folge, dass der Betriebserwerber einerseits Schuldner aller Verbindlichkeiten aus dem Arbeitsverhältnis wird und andererseits Gläubiger aller Ansprüche aus dem Arbeitsverhältnis. Der Erwerber haftet demnach aber nicht nur für Ansprüche, die nach dem Betriebsübergang entstanden sind, sondern auch für Ansprüche, die schon zum Zeitpunkt des Betriebsübergangs existierten. Die Begriffe „Rechte und Pflichten" in Art. 3 Abs. 1 der RL 77/187/EWG sind dabei weit zu verstehen. Daher zählen nicht nur „Ansprüche", sondern auch Voraussetzungen von Ansprüchen dazu. Einem Arbeitnehmer ist es so z.B. möglich, dass die Dauer seines Arbeitsverhältnisses beim Veräußerer berücksichtigt wird, wenn er Ansprüche gegenüber dem Erwerber anmeldet und diese aber von der Betriebszugehörigkeitsdauer abhängen.

Es ist unumgänglich, dass die Pflichten aus dem Arbeitsverhältnis auf den Betriebserwerber übergehen, auch dann, wenn betroffene Arbeitnehmer widersprechen, dass die Pflichten vom Veräußerer auf den Erwerber übergehen, weil sie verhindern möchten, dass der Veräußerer aus seiner Haftung frei wird. Arbeitnehmer haben für den Fall, dass die Umsetzung im eigenen Staat nicht festlegt, dass der Betriebsveräußerer neben dem Betriebserwerber weiterhaftet, nur eine Alternative, wenn sie verhindern möchten, dass der Betriebsveräußerer aus seiner Haftung entlassen wird: Sie widersprechen dem Übergang ihres Arbeitsverhältnisses im Ganzen.[86]

Gemäß Art. 3 Abs. 3 der Richtlinie (bzw. Art. 3 Abs. 4 der Änderungsrichtlinie) gelten die Absätze 1 und 3 nicht für Rechte der Arbeitnehmer auf Leistungen bei Alter, Invalidität oder für Hinterbliebene aus betrieblichen oder überbetrieblichen Zusatzversorgungseinrichtungen außerhalb der gesetzlichen Systeme der sozialen Sicherheit der Mitgliedstaaten. Vorausgesetzt die Mitgliedstaaten haben keine andere Regelung getroffen, haftet der Betriebserwerber folglich nicht für die Ansprüche der Arbeitnehmer aus der betrieblichen Altersversorgung. Jedoch haben die Mitgliedstaaten – sofern sie nicht vorgesehen haben, dass die vorher bezeichneten Rechte übergehen – die Aufgabe, für erforderliche Schutzmaßnahmen zu sorgen, um die Rechte oder Anwartschaften aus den zuvor genannten Zusatzversorgungseinrichtungen zu sichern; zum einen jene von Arbeitnehmern und zum anderen von Personen, die bereits beim Betriebsübergang aus dem Arbeitsverhältnis ausgeschieden waren.[87]

(2) Haftung des Betriebsveräußerers

In der Richtlinie ist nicht vorgesehen, dass der Betriebsveräußerer haften muss. Allerdings stellt sie es in Art. 3 Abs. 1 S. 2 den Mitgliedstaaten explizit frei, ob der Veräußerer auch nach dem Betriebsübergang neben dem Erwerber für Ansprüche haften soll, die schon vor dem Betriebsübergang anlässlich eines Arbeitsverhältnisses bestanden haben. Dass der Betriebsveräußerer neben dem Betriebserwerber haftet, haben Frankreich, Deutschland, Griechenland, Italien, den Niederlanden, Portugal und Spanien festgelegt.[88]

---

[86] Alsbæk H., 2001, S. 42
[87] Alsbæk H., 2001, S. 42 und 43
[88] Alsbæk H., 2001, S. 43

(3) Verhältnis zwischen Betriebserwerber und Betriebsveräußerer

Da in der Richtlinie keine Haftung des Betriebsveräußerers festgelegt ist, könnte man vermuten, dass es keine Regelung für das Verhältnis zwischen Betriebserwerber und Betriebsveräußerer gibt. In der ursprünglichen Richtlinie wurde nur festgelegt, dass die Mitgliedstaaten bestimmen können, dass der Veräußerer auch nach dem Betriebesübergang neben dem Erwerber für Pflichten aus einem Arbeitsvertrag oder Arbeitsverhältnis haften muss.

Deshalb hat die Richtlinie anfangs nichts vorgesehen, was das Innenverhältnis zwischen Betriebserwerber und Betriebsveräußerer regeln würde. Die Änderungsrichtlinie von Juli 1998 stellt in Art. 3 Abs. 1 S. 2 fest, dass es den Mitgliedstaaten frei steht, ob sie den Veräußerer und Erwerber nach dem Übergang für Verpflichtungen gesamtschuldnerisch haften lassen wollen, die vor dem Zeitpunkt des Übergangs durch einen Arbeitsvertrag begründet wurden. Der Arbeitsvertrag muss jedoch zum Zeitpunkt des Übergangs existent gewesen sein. Sofern die Mitgliedstaaten davon Gebrauch machen, ist das Innenverhältnis zwischen altem und neuem Arbeitgeber nach den Grundsätzen der Gesamtschuld zu beurteilen.

Ist in den Mitgliedstaaten eine solche Weiterhaftung des Veräußerers nicht festgelegt worden, wird der Veräußerer mit dem Betriebsübergang von seinen Verpflichtungen befreit,[89] die aus Arbeitsverhältnissen entstanden, welche beim Betriebsübergang existierten. Da ein Schuldnerwechsel stattfindet, ist es nicht notwendig, das Verhältnis zwischen Betriebserwerber und Betriebsveräußerer zu regeln.[90]

2.2.3 Sonderfall Konkurs

In der Richtlinie fand man keine Antwort auf die Frage, ob diese auch anwendbar sei, wenn ein Unternehmen veräußert werden soll, dass sich im Konkurs befindet. Allerdings hat sich der EuGH wiederholt dazu geäußert. Demnach kann Art. 1 Abs. 1 der RL 77/187/EWG nicht angewendet werden, „wenn über das Vermögen des Veräußerers der Konkurs eröffnet worden ist und das betreffende Unternehmen oder der betreffende Betrieb zur Konkursmasse gehört."[91] Jedoch kann jeder Mitgliedstaat unabhängig vom Gemeinschaftsrecht selbst entscheiden, ob die Grundsätze der Richtlinie auf solch einen Übergang angewendet werden sollen.[92]

Abgesehen davon ist die Richtlinie aber anwendbar, wenn ein Unternehmen, Betrieb oder Betriebsteil im Rahmen eines Zahlungsaufschub-Verfahrens auf einen neuen Inhaber übergeht. Außerdem hat der EuGH entschieden, dass die Richtlinie anwendbar ist, wenn ein Unternehmen übergeht, das sich in gerichtlicher Liquidation befindet und die Tätigkeit des Unternehmens aber fortgesetzt wird. Mittlerweile ist in Art. 4a der Änderungsrichtlinie gemäß der Rechtsprechung des EuGH geregelt, dass es den Mitgliedstaaten freigestellt bleibt, ob die Richtlinie bei einem Betriebsübergang im Konkursfall zur Anwendung kommen soll.[93]

---

[89] EuGH-Entscheidung vom 05.05.1988 – Rs. 144/87, Nr. 11
[90] Alsbæk H., 2001, S. 43 und 44
[91] Alsbæk H., 2001, S. 44
[92] EuGH-Urteil vom 07.02.1985 – Rs. 135/83, Urteilsgrund 24
[93] Alsbæk H., 2001, S. 44 und 45

Die Änderungsrichtlinie eröffnet den Mitgliedstaaten insbesondere die Möglichkeit, wenn die Richtlinie im Konkurs angewendet wird, den Erwerber nicht für Verbindlichkeiten haften zu lassen, die schon vor dem Betriebsübergang bzw. vor Eröffnung des Konkursverfahrens eingegangen worden sind.[94]

3. Maßgebliche Entscheidungen des EuGH

3.1 Rechtsprechung des EuGH

3.1.1 Christel Schmidt

Der EuGH musste sich anlässlich eines Vorabentscheidungsersuches des LAG Schleswig-Holstein mit der Frage beschäftigen, wann es sich entsprechend dem Art. 1 RL 77/187/EWG um einen Übergang von Betriebsteilen handelt. Die Klägerin Christel Schmidt war bei einer Sparkasse als Reinigungskraft angestellt. Ihr wurde gekündigt, da die Sparkasse eine private Firma mit der Reinigungstätigkeit beauftragte.[95] Von dieser privaten Reinigungsfirma wurde Frau Schmidt ein Arbeitsvertrag angeboten, in dem für eine größere Reinigungsfläche ein höherer Lohn vorgesehen war. Frau Schmidt sah die Lohnerhöhung in keiner Relation zur Vergrößerung der Reinigungsfläche, weswegen sie dieses Angebot ablehnte und gegen die Kündigung durch die Sparkasse Klage einreichte.[96]

Das LAG, welches für die Kündigungsschutzklage zuständig war, wandte sich mit der Frage an den EuGH, ob der Tatbestand der RL 77/187/EWG erfüllt ist, wenn Reinigungsarbeiten auf eine Fremdfirma übertragen werden. Außerdem sollte geklärt werden, ob dies auch dann zutreffe, wenn die Reinigungsarbeiten vorher nur von einem einzigen Arbeitnehmer durchgeführt worden sind. Vom EuGH wurden beide Fragen bejaht und ausdrücklich darauf hingewiesen, dass das Tatbestandsmerkmal der Übertragung auch dann vorliegt, wenn keine Vermögensgegenstände übertragen werden.[97]

So sei „Art. 1 Abs. 1 RL 77/187/EWG [...] so auszulegen, dass ein Fall wie der im Vorlagebeschluss beschriebene [...] auch dann dem Anwendungsbereich der Richtlinie unterliegt, wenn diese Aufgaben vor der Übertragung von einer einzigen Arbeitnehmerin erledigt wurden". Begründet hat der EuGH dies mit seiner eigenen Rechtsprechung, wonach das maßgebliche Merkmal für das Vorliegen eines Betriebsübergangs im Sinne der Richtlinie sei, dass die Identität der wirtschaftlichen Einheit gewahrt bleibt.[98] Im vorliegenden Fall handele es sich um eine wirtschaftliche Einheit, die ihre Identität bewahrt, denn sowohl vor als auch nach dem Übergang sei dieselbe Tätigkeit durchgeführt (Putzen der Sparkassenfiliale) worden.[99] Die Begründung der Christel-Schmidt-Entscheidung war sehr knapp und ungenau, was zweifelsohne mit der Grund dafür war, dass nach der Christel-Schmidt-Entscheidung in der Literatur verschiedenste Theorien zum Anwendungsbereich der Richtlinie entstanden sind.[100]

---

[94] Alsbæk H., 2001, S. 45
[95] Alsbæk H., 2001, S. 220
[96] NZA, 1994, Heft 12, S. 545
[97] Alsbæk H., 2001, S. 220 und 221
[98] Alsbæk H., 2001, S. 221
[99] ZFA, 36. Jg., 1/2005, S. 116
[100] Alsbæk H., 2001, S. 222

Die Begründung lässt nicht erkennen, inwiefern es dem EuGH darauf ankam, dass die Reinigung, also die Funktion, am selben Ort durchgeführt wurde. Zwar deutet vieles darauf hin, dass für die Beurteilung, inwiefern die Tätigkeit identisch ist, entscheidend war, dass die Reinigungsarbeiten am selben Ort ausgeführt wurden, allerdings kann dies nicht zweifellos aus den Urteilsgründen geschlossen werden. Die EuGH-Rechtsprechung im Fall Christel Schmidt wurde stark gerügt.[101] Zum einen mutmaßte man, dass dies das Ende des Outsourcings bedeutet[102] und zum anderen, das sogar die Auftragsnachfolge zum Anwendungsbereich der Richtlinie zählen würde, wodurch kein fairer Wettbewerb um Dienstleistungen mehr möglich wäre.[103]

Im Fall Christel Schmidt war die Kommission der Ansicht, dass die erstmalige Auslagerung einer Tätigkeit anders zu sehen sei als eine Auftragsnachfolge. Diese Auffassung ist jedoch nicht sehr plausibel, denn der EuGH kam schon in mehreren Urteilen zu dem Ergebnis, dass es für das Merkmal der vertraglichen Übertragung in Art. 1 der Richtlinie nicht erforderlich ist, dass zwischen dem Betriebserwerber und Betriebsveräußerer eine vertragliche Beziehung vorhanden ist. Außerdem ist unverständlich, aus welchem Grund Arbeitnehmer bei einer Erstauftragsvergabe mehr Schutz genießen sollen als bei einer Auftragsnachfolge. Aus diesem Grund lag es auf der Hand dass die EuGH-Rechtsprechung im Fall Christel Schmidt auch auf andere Fälle der Funktionsnachfolge (v.a. bei einer Auftragsnachfolge) ausgeweitet wird, was bedeutet hätte, die Rechtsprechung in dieser Weise fortzusetzen.

Jedoch wären die wirtschaftlichen Auswirkungen erheblich gewesen, wäre die Rechtsprechung erweitert worden. Für sämtliche Teilnehmer an einer öffentlichen Neuvergabe und alle Dienstleistungsbetriebe, die sich um die Neuvergabe eines privat vergebenen Auftrags bewerben, hätte die Gefahr bestanden, mit dem Vertragsabschluss plötzlich die Arbeitnehmer des bisherigen Dienstleistungsunternehmens übernehmen zu müssen, die dieses eingesetzt hatte, um den Auftrag erledigen zu können. Damit wären die „Vorteile der effizienteren und schlankeren Organisation", die der neue Dienstleistungsbetrieb hat, zunichte gemacht worden und der Preiswettbewerb zwischen den verschiedenen Dienstleistungsunternehmen stark beeinträchtigt. Deswegen wurde sowohl in der Literatur als auch von der Politik heftiger Unmut geäußert. Man sprach von „einer schwarzen Reihe im Arbeitsrecht und von der unternehmensfeindlichsten Arbeitsrechtsprechung der Nachkriegszeit". Der wachsende politische Druck veranlasste die Kommission dazu, einen Vorschlag zur Änderung der RL 77/187/EWG vorzulegen, der ausschließt, dass die Richtlinie auf Fälle der Funktionsnachfolge angewendet wird. Dieser wurde aber bald wieder zurückgenommen.

Selbst der EFTA-Gerichtshof, der schon vor dem EuGH Fälle zur Auftragsnachfolge zu beurteilen hatte, äußerte sich unzufrieden gegenüber der Christel-Schmidt-Entscheidung, widersprach dem EuGH aber nicht. Trotzdem lehnte es der EFTA-Gerichtshof ab, dass es sich in Fällen der reinen Auftragsnachfolge um einen Betriebsübergang im Sinne der Richtlinie handelt. Daher sah man erwartungsvoll der weiteren Rechtsprechung des EuGH zur Funktionsnachfolge entgegen.[104]

---

[101] Alsbæk H., 2001, S. 222
[102] Herrmann H., Berger K. P., Wackerbarth U., 1997, S. 260
[103] Alsbæk H., 2001, S. 222
[104] Alsbæk H., 2001, S. 222 bis 224

3.1.2 Ole Rygaard ./. Strø Mølle

Im Fall Ole Rygaard ./. Strø Mølle hat sich der EuGH seit Verkündung der Christel-Schmidt-Entscheidung zum erstem Mal wieder mit dem Anwendungsbereich der Richtlinie befasst. In dieser Entscheidung hat der EuGH den Anwendungsbereich der Richtlinie nicht so weit gefasst und abgelehnt, dass es sich um einen Betriebsübergang handelt, obwohl hier, genauso wie im Fall Christel Schmidt, eine bestimmte Arbeitsaufgabe, die bislang von einem Betrieb ausgeführt wurde, nun einem anderen Betrieb übertragen wird.[105]

Der Entscheidung lag der Fall zu Grunde, dass das Unternehmen Sven Pedersen A/S (im Folgenden: Pedersen A/S) damit betraut wurde, für die Firma SAS Service Partner A/S eine Kantine zu bauen. Da die Pedersen A/S, wo Herr Rygaard beschäftigt war, diese nicht fertig stellen konnte, beauftragte sie die Strø Mølle Akustik A/S mit der Fertigstellung. Diese übernahm für den Zeitraum bis zur Fertigstellung der Kantine die Materialen auf der Baustelle sowie zwei Auszubildende.[106]

Der EuGH sah hier keinen Betriebsübergang und begründete dies damit, dass für das Vorliegen eines Betriebsübergangs erforderlich sei, dass eine auf Dauer angelegte wirtschaftliche Einheit übergeht, deren Tätigkeit nicht darauf beschränkt ist, nur ein bestimmtes Vorhaben auszuführen. Wenn ein Betrieb einen anderen Betrieb zur Fertigstellung einer Baustelle beauftragt, sei dies allerdings nicht der Fall. Die Richtlinie könne bei solch einer Übertragung nur dann Anwendung finden, wenn gleichzeitig eine „organisierte Gesamtheit von Faktoren übergehe, die es möglich macht, die Tätigkeiten oder bestimmte Tätigkeiten des zu übertragenden Betriebes dauerhaft fortzuführen". Dies müsse aber verneint werden, wenn der letztgenannte Betrieb, wie im Ausgangsfall, dem neuen Unternehmer lediglich Arbeitnehmer und Material bereitstellt, die die übertragenen Arbeiten ausführen sollen.[107]

In der Literatur wurde dieses Urteil befürwortet, denn man sah dies teilweise bereits als Abwendung von der Christel-Schmidt-Entscheidung an. Allerdings ist dies nicht ganz nachvollziehbar, denn der EuGH hatte in den Urteilsgründen dargelegt, dass der Übergang einer Tätigkeit unter die Richtlinie fällt, wenn die Fortsetzung der Tätigkeit dauerhaft ist.

Außerdem spricht gegen die Annahme, dass dieses Urteil eine Abkehr von der Christel-Schmidt-Rechtsprechung ist, dass im folgenden EuGH-Urteil die Christel-Schmidt-Entscheidung gewissermaßen bestätigt wurde.[108]

---

[105] Alsbæk H., 2001, S. 224
[106] NZA, 1995, Heft 21, S. 1031
[107] NZA, 1995, Heft 21, S. 1032
[108] Alsbæk H., 2001, S. 225

3.1.3 Albert Merckx

Die Kläger Albert Merckx und Patrick Neuhuys waren als Autoverkäufer bei Anfo Motors SA (im Folgenden: Anfo) angestellt. Als Vertragshändlerin der Ford Motors Company Belgium SA (im Folgenden: Ford) vertrieb Anfo in einigen Gebieten im Großraum Brüssel die Kraftfahrzeuge von Ford.[109]

Die bisherige Vertragshändlerin Anfo Motors SA war zugleich Tochtergesellschaft von Ford und verkündete am 08.10.1987 der Belegschaft, die Tätigkeit zum 31.12.1987 komplett beenden zu wollen und dass die Vertriebstätigkeit ab 01.11.1987 von Novarobel SA, einer unabhängigen Gesellschaft jenes Autoherstellers, fortgesetzt werde. Von der bisherigen Vertriebshändlerin Anfo wollte die Novarobel SA 14 der 64 Beschäftigten übernehmen. Weiterhin teilte Anfo ihren Beschäftigten mit, dass die Stellung, Dauer der Betriebszugehörigkeit und sämtliche sonstigen vertraglichen Rechte jener Arbeitnehmer, die von Novarobel SA übernommen werden, gemäß dem Tarifvertrag Nr. 32a erhalten bleiben.[110] Ihre Kunden setzte Anfo in einem Schreiben über die Geschäftsaufgabe in Kenntnis und sprach sich für die neue Vertragshändlerin aus.[111]

Die Kläger verweigerten mit Schreiben vom 27.10.1987 die vorgeschlagene Übernahme und begründeten dies damit, dass sie von Anfo nicht gezwungen werden könnten, für ein anderes Unternehmen an einem anderen Ort zu anderen Arbeitsbedingungen zu arbeiten, ohne jegliche Garantie, dass der Kundenstamm bestehen bleibt und ein bestimmtes Verkaufsergebnis erzielt werden kann. Durch diese Vorgehensweise hätte Anfo die Arbeitsverträge einseitig beendet, wodurch ihnen ein Abfindungsanspruch und darüber hinaus aus anderen Gründen geschuldete Beträge zustünden.

Anfo informierte am 30.10. und 02.11.1987 die Kläger schriftlich darüber, dass sie von der Novarobel SA übernommen würden und darüber hinaus die Gewerkschaften am 30.10.1987 einen Tarifvertrag ausgehandelt hätten, durch den bestätigt werde, dass der Tarifvertrag Nr. 32a weiterhin Gültigkeit habe und die Übernahme wirksam sei. Aus diesem Grund hätten sich die Kläger umgehend bei der Novarobel SA einzufinden, da Anfo die Kläger ansonsten wegen Vertragsbruch zu Schadensersatz verpflichte.[112]

Die Kläger leisteten dieser Aufforderung nicht Folge und reichten nach anhaltendem ergebnislosen Schriftwechsel gegen Anfo, für die später die jetzige Beklagte eintrat, Klage auf Zahlung von Entschädigung wegen Entlassung und wegen Betriebschließung, von Abfindung sowie auf Zahlung einer anteiligen Jahresabschlussprämie ein. Anfo erhob Widerklagen, mit denen sie ihrerseits von den Klägern Schadensersatz wegen Vertragsbruchs forderte. Am 20.07.1990 verkündete das Tribunal du Travail die Urteile; es wies hierin die Klagen als unbegründet und die Widerklagen als unzulässig ab.[113]

---

[109] Urteil des EuGH vom 07.03.1996, Rs. C-171/94 und C-172/94, Entscheidungsgrund 6
[110] NZA, 1996, Heft 8, S. 413
[111] Urteil des EuGH vom 07.03.1996, Rs. C-171/94 und C-172/94, Entscheidungsgrund 8
[112] NZA, 1996, Heft 8, S. 413
[113] Urteil des EuGH vom 07.03.1996, Rs. C-171/94 und C-172/94, Entscheidungsgrund 11

Die Kläger erhoben gegen diese Urteile Berufung bei der Cour du Travail Brüssel; die Beklagte legte Anschlussberufung ein. Die Kläger beriefen sich darauf, dass es sich um keinen Unternehmensübergang im Sinne des Tarifvertrags Nr. 32a, sondern um eine Betriebsschließung handle. Die Beklagte war gegenteiliger Meinung. Vom vorlegenden Gericht wurden Nachstehendes festgestellt: Wie aus einer als „Convention et garantie" bezeichneten Vereinbarung mit der Novarobel SA vom 15.10.1987 zu entnehmen sei, habe die Beklagte sich entschieden, den Geschäftsbetrieb ihres Tochterunternehmens Anfo zu beenden und die Vertriebsberechtigung, die sie ihr bis dahin gewährt hat, an die Novarobel SA weiterzugeben, die „gegen Garantien seitens der Beklagten" in Übereinstimmung mit dem Tarifvertrag Nr. 32a gewisse, von Anfo durchgeführte, Aufgaben übernehme. Obwohl Anfo ein Tochterunternehmen der Beklagten sei, habe sich aber tatsächlich Anfo selbst zur Einstellung der Tätigkeit entschlossen. Zwischen Anfo und Novarobel SA existiere keine vertragliche Verbindung. Anfo habe über 75% der Mitarbeiter gekündigt und an sie die bei einer Betriebsschließung im Gesetz festgelegte Entschädigung entrichtet. An die Novarobel SA habe sie keine materiellen Aktiva übertragen und v.a. sei nicht belegt, dass sie ihre Kundenkartei an Novarobel SA übergeben habe.

Der EuGH hat auf das Vorabentscheidungsersuchen des Cour du Travail entschieden, „dass bei einem Sachverhalt wie dem vorliegenden ein Unternehmensübergang bejaht werden kann, dass aber die Arbeitnehmer dem Übergang ihrer Arbeitsverhältnisse widersprechen können, wobei die Folgen des Widerspruchs nach nationalem Recht zu beurteilen sind".[114]

Da der EuGH in diesem Urteil explizit auf die Christel-Schmidt-Entscheidung verwies, war anzunehmen, dass die Christel-Schmidt-Entscheidung keine Einzelfallentscheidung sein sollte.[115]

3.1.4 Ayşe Süzen

Die Richtlinie wurde im Fall Ole Rygaard eng ausgelegt. Dies deutete bereits auf die kommende Kehrtwendung des EuGH hin, welche dann im Fall Ayşe Süzen vollzogen wurde. Das Arbeitsgericht Bonn hat dem EuGH mit Beschluss vom 30. November 1994 zwei Fragen, die die Auslegung der RL 77/187/EWG betreffen, vorgelegt. Diese Fragen ergaben sich aus einem Rechtsstreit zwischen Ayşe Süzen und der Zehnacker Gebäudereinigung Krankenhausservice. Geklärt werden sollte, ob die Richtlinie auch dann angewendet werden kann, wenn ein Auftraggeber die Reinigung von Räumlichkeiten einem Unternehmen überträgt und der Auftraggeber den Vertrag irgendwann an einen anderen Betrieb überträgt, ohne dass dabei materielle oder immaterielle Betriebsmittel von dem einen auf den anderen Unternehmer übergehen. Vom EuGH wurde dies verneint mit der Begründung, dass Voraussetzung für die Anwendbarkeit der Richtlinie sei, dass eine auf Dauer angelegte wirtschaftliche Einheit übergehen muss, deren Tätigkeit nicht nur aus dem Ausüben eines bestimmten Vorgangs besteht.[116]

---

[114] NZA, 1996, Heft 8, S. 413 und 414
[115] Alsbæk H., 2001, S. 226
[116] Alsbæk H., 2001, S. 226

Dabei sei der Begriff der wirtschaftlichen Einheit „auf die Gesamtheit von Personen und Sachen zur Ausübung einer Tätigkeit mit eigener Zielsetzung" zu beziehen.[117] Nur weil die Dienstleistungen, die vom alten und neuen Auftragnehmer erbracht wurden, vergleichbar seien, kann daraus nicht der Schluss gezogen werden, dass es sich um den Übergang einer wirtschaftlichen Einheit handelt.[118] Allein der Verlust eines Auftrages an einen Konkurrenten sei deshalb noch kein Übergang im Sinne der Richtlinie.[119]

Der zuvor beauftragte Dienstleistungsbetrieb existiere weiterhin ganzheitlich, auch wenn keiner seiner Betriebe oder Betriebsteile auf einen neuen Auftragnehmer übertragen wird. Außerdem müsse bei der Überprüfung, inwiefern ein Übergang im Sinne der Richtlinie vorliegt, beachtet werden, ob die Hauptbelegschaft vom neuen Betriebsinhaber übernommen oder nicht übernommen wird. In Branchen, die hauptsächlich durch menschliche Arbeitskraft geprägt sind und „durch eine gemeinsame Tätigkeit dauerhaft verbunden sind", könne die Identität einer solche Einheit auch nach dem Übergang gewahrt bleiben, sofern der Erwerber sowohl die betreffende Tätigkeit fortführt, als auch einen „nach Zahl und Sachkunde wesentlichen Teil des Personals" übernimmt, den der Veräußerer speziell für diese Tätigkeit angestellt hatte. Diese Formulierung ist einer Textstelle aus der Ulstein Entscheidung des EFTA-Gerichtshofes von Dezember 1996 sehr ähnlich; in dieser wurde ausgeführt, dass eine reine Auftragsnachfolge ohne zusätzliche Voraussetzungen prinzipiell keinen Betriebsübergang zu Folge habe.

Im Gegensatz zur Ayşe-Süzen-Entscheidung wurde dieses Urteil leider nicht so ausführlich begründet. Deshalb bleibt die Frage offen, inwiefern das Urteil eine ausdrückliche Änderung zur Christel-Schmidt-Rechtsprechung bedeutet oder ob der EuGH nur die Übertragung einer Tätigkeit ausschließt, die schon zuvor ausgelagert wurde (und nicht wie im Fall Christel Schmidt für den Fall der erstmaligen Auslagerung). Dementsprechend unterschiedlich wurde das Urteil auch in der Literatur bewertet. Zum einen begrüßte man die Entscheidung als Abkehr des Gerichtshofes von der Christel-Schmidt-Entscheidung, zum anderen sah man darin aber auch die Christel-Schmidt-Entscheidung bekräftigt. Da der EuGH in der Ayşe-Süzen-Entscheidung allerdings insbesondere erwähnt, dass es nicht genüge, wenn die erbrachten Dienstleistungen vom alten und neuen Auftragnehmer nahezu identisch sind, damit der Übergang einer wirtschaftlichen Einheit vorliegt,[120] hat er es klar abgelehnt, dass die Richtlinie im Falle einer Funktionsnachfolge zur Anwendung kommt.[121]

Der EuGH hat dies in der Ayşe-Süzen-Entscheidung zwar nicht explizit erwähnt, aber dennoch beziehen sich seine Ausführungen in der zuvor geschilderten Angelegenheit nicht nur auf die Auftragsnachfolge, sondern auch auf die erstmalige Ausgliederung einer betrieblichen Funktion. Denn auch hier liegt eine Funktionsnachfolge vor, die nach Ansicht des EuGH nicht zum Anwendungsbereich der Richtlinie gehört.[122]

---

[117] NZA, 2004, Heft 1, S. 14
[118] Alsbæk H., 2001, S. 226
[119] curia.europa.eu/de/actu/communiques/cp97/cp9708de.htm
[120] Alsbæk H., 2001, S. 226 und 227
[121] www.aus-innovativ.de/themen/outsourcing_3686.htm
[122] Alsbæk H., 2001, S. 227

Daher traten die Befürchtungen nicht ein, die nach Verkündung der Christel-Schmidt-Entscheidung geäußert wurden. Im Fall Ayşe Süzen hat der EuGH unmissverständlich dargelegt, dass es sich bei einer bloßen Funktionsnachfolge um keinen Betriebsübergang handelt.[123]

Der EuGH nannte in seiner Entscheidung im Fall Ayşe Süzen (und zuvor schon der EFTA-Gerichtshof) erstmals als Kriterium, dass „ein nach Anzahl und Sachkunde wesentlicher Anteil des Personals" übernommen werden muss. Dadurch drängt sich natürlich die Frage auf, welche Anzahl an Arbeitnehmer übergehen müsse, damit ein nach Anzahl wesentlicher Anteil des Personals übergegangen ist und was sachkundiges Personal ist. Zu letzterer Angelegenheit stellt sich in Deutschland v.a. die Frage, ob damit Know-how-Träger gemeint sind, denn deren Übergang konnte nach der früheren Rechtsprechung BAG für den Betriebsübergang grundlegend sein. Dies trifft aber so nicht zu, denn der EuGH hat mit dieser Äußerung eher Branchen gemeint, „in denen es wesentlich auf die menschliche Arbeitskraft ankommt". Branchen, in denen die Arbeitnehmer generell kein besonderes Know-how besitzen, stehen v.a. in den Fällen im Fokus, in denen der EuGH den Übergang von Betriebsmitteln als nebensächlich und den Übergang von Arbeitnehmern als ausschlaggebend ansehen möchte.

Der Gerichtshof ist der Meinung, dass der Hauptgrund für die Vermutung eines Betriebsübergang darin besteht, dass der Erwerber dadurch, dass er einen „nach Anzahl und Sachkunde wesentlichen Teil des Personals" übernimmt, eine „organisierte Gesamtheit von Faktoren erwirbt, die die Fortsetzung der Tätigkeit oder bestimmten Tätigkeiten des früheren Unternehmers auf Dauer erlaubt". Vor diesem Hintergrund ist es ausschlaggebend, inwiefern „Anzahl und Sachkunde der freiwillig übernommenen Arbeitnehmer" genügen, damit es dem Erwerber möglich ist, ohne weitere eigene organisatorische Bemühungen und ohne großen Einsatz von eigenem Personal die bisherige Tätigkeit fortzuführen. Daher ist bei der Auslegung der Begriffe Anzahl und v.a. Sachkunde die bislang ausgeübte Tätigkeit relevant. Bei wenig umfangreichen Dienstleistungsaufgaben, bei denen weder eine besondere Sachkunde noch eine spezielle Organisation erforderlich ist, würde es genügen, lediglich den „nach Anzahl wesentlichen Teil des Personals zur Ausführung der betreffenden Tätigkeit" zu übernehmen. Damit auch bei anspruchsvollen und speziell komplexen Aufgaben von einem Betriebsübergang gesprochen werden kann, ist es unerlässlich, dass die Arbeitnehmer mit der „wesentlichen Sachkunde" übernommen werden.[124]

LEGISLATIVE KONSEQUENZEN

Die Ayşe-Süzen-Entscheidung hat man in der Änderungsrichtlinie 98/50/EG in Art. 1 Abs. 1 lit. b bestätigt und den Betriebsübergang als den „Übergang einer ihre Identität bewahrenden wirtschaftlichen Einheit im Sinne einer organisierten Zusammenfassung von Ressourcen zur Verfolgung einer wirtschaftlichen Haupt- oder Nebentätigkeit" definiert.[125]

---

[123] Alsbæk H., 2001, S. 227
[124] Alsbæk H., 2001, S. 228
[125] Alsbæk H., 2001, S. 228 und 229

Entsprechend dieser Definition kann die Richtlinie bei einer reinen Funktionsnachfolge nicht angewendet werden, denn bei einer bloßen Funktionsnachfolge geht keine wirtschaftliche Einheit im Sinne einer organisierten Zusammenfassung von Ressourcen zur Verfolgung einer Tätigkeit über, sondern lediglich die Tätigkeit selbst. Die Definition versteht unter dem Begriff der wirtschaftlichen Einheit vielmehr[126] eine „organisatorische Gesamtheit von Personen und Gegenständen zur dauerhaften Ausführung einer wirtschaftlichen Tätigkeit",[127] wobei sich ihre Identität überwiegend aus der Belegschaft, den Führungskräften, der Methode und Organisation der Arbeit und der Betriebsmittel ergibt.[128]

3.2 Resonanz der Entscheidungen

3.2.1 im britischen Recht

In Großbritannien genügt es nicht, dass eine reine Funktion übergeht, damit der Übergang eines laufenden Unternehmens vorliegt und dadurch den TU(P)E anwenden zu können.[129]

Das Christel-Schmidt-Urteil hatte in Großbritannien direkten Einfluss auf die Dines-Entscheidung des Court of Appeal. Diese Entscheidung basiert auf einem typischen Fall der Auftragsnachfolge. Ein Reinigungsbetrieb war damit betraut, ein Krankenhaus zu reinigen. Nach Ablauf der vereinbarten Frist wurde der Auftrag neu vergeben; den Zuschlag erhielt dieses Mal ein anderer Reinigungsbetrieb. Allen Arbeitnehmern des ursprünglichen Reinigungsbetriebs wurde gekündigt. Weder sachliche noch materielle Betriebsmittel gingen auf den Auftragsnachfolger über. Jedoch wurde den Arbeitnehmern angeboten, dass sie weiterbeschäftigt werden, allerdings zu schlechteren Bedingungen. Das Industrial Tribunal sah hier keinen Betriebsübergang. Selbst wenn sich wie im vorliegenden Fall mehrere Betriebe um einen Auftrag bemühen und nicht mehr der bisherige Auftragnehmer sondern ein neuer Betrieb den Auftrag zugesprochen bekommt, handle es sich um keinen Betriebsübergang. Vielmehr sei dies für den bisherigen Auftragnehmer als Ende seines Auftrags und für den Auftragsnachfolger als Beginn einer neuen Tätigkeit anzusehen. Nur weil der Auftragsnachfolger teilweise dieselben Arbeitnehmer beschäftigt wie der ursprüngliche Arbeitnehmer, könne nicht von einem Übergang eines Unternehmens bzw. Betriebsteiles ausgegangen werden. Vom Employment Appeal Tribunal wurde diese Entscheidung am 31. August 1993 bestätigt. Am 14. April 1994 verkündete der EuGH seine Entscheidung im Fall Christel Schmidt und nur 35 Tage später, also am 19. Mai 1994 wurde vom Court of Appeal die Revision gegen die Entscheidung des Employment Appeal Tribunal im Fall Dines zugelassen. Der Court of Appeal bezog sich auf die Christel-Schmidt-Entscheidung und erkannte hier an, dass es sich um einen Betriebsübergang im Sinne der TU(P)E handelt. In den Erläuterungen hieß es, dass es für die Anwendbarkeit der TU(P)E genüge, wenn eine Auftragsnachfolge vorliegt und dieselben Arbeitnehmer eingestellt werden.[130]

---

[126] Alsbæk H., 2001, S. 229
[127] www.aus-innovativ.de/themen/outsourcing_3687.htm
[128] Alsbæk H., 2001, S. 229
[129] Alsbæk H., 2001, S. 232
[130] Alsbæk H., 2001, S. 232 und 233

Allerdings ist diese Entscheidung gegensätzlich zu der vorherrschenden Meinung in der Literatur und der Meinung der britischen Regierung. Nach deren Ansicht dürfe die Auftragsnachfolge nicht zum Anwendungsbereich der Richtlinie gehören. Da im Fall Dines der TU(P)E nur angewendet wurde, weil man sich auf die Christel-Schmidt-Entscheidung berufen hatte und dies der in Großbritannien gängigen Ansicht widersprach, erwartete man, dass auf Grund der Ayşe-Süzen-Entscheidung, in der der EuGH explizit abgelehnt hatte, dass die Richtlinie bei einer bloßen Funktionsnachfolge angewandt wird, auch in Großbritannien ausgeschlossen wird, dass die TU(P)E auf eine Auftragsnachfolge Anwendung findet.

Im Mai 1997 entschied der Court of Appeal im Fall Betts vs. Brintel and KLM sodann, dass eine reine Auftragsnachfolge nicht als Betriebsübergang im Sinne der TU(P)E gewertet werden darf. Diese Entscheidung beruhte auf dem Fall, dass das Unternehmen Brintel von Shell beauftragt worden war, Helikoptertransporte von Menschen und Gütern auf Ölplattformen in der Nordsee auszuführen. Die Auftragsvergabe bestand aus drei einzelnen Verträgen, die jeweils ein bestimmtes Gebiet der Nordsee umfassten. Als die Aufträge neu verhandelt wurden, wurde einer der Verträge der KLM zugeteilt. KLM übernahm dabei keine Betriebsmittel wie Helikopter und Infrastruktur und auch kein Personal. Als Begründung, warum kein Betriebsübergang im Sinne der TU(P)E vorläge, brachte der Court of Appeal vor, dass auf die KLM keine die Identität wahrende wirtschaftliche Einheit übergegangen sei. Zwar sei das Unternehmen des Transports von Menschen und Gütern generell eine wirtschaftliche Einheit, aber es erfolgte kein Übergang auf KLM. Dies könne man daraus schließen, dass weder Betriebsmittel noch Personal übernommen wurden. Um den TU(P)E anwenden zu können, reiche es nicht aus, dass nur der Auftrag übernommen wurde und die gleiche Tätigkeit ausgeführt wird. Der Court of Appeal verwies dabei ganz speziell auf die EuGH-Entscheidung im Fall Ayşe Süzen.[131] Großbritannien hat somit, wie abzusehen war, die Ayşe-Süzen-Entscheidung des EuGH übernommen und es verneint, dass der TU(P)E in Fällen der Funktionsnachfolge angewandt wird. In der britischen Rechtsprechung spielt es keine Rolle, ob ein Fall des Outsourcings oder der Auftragsnachfolge vorliegt. Der TU(P)E ist in keinem der beiden Fälle anwendbar, wenn keine Betriebsmittel und kein Personal übernommen werden.[132]

3.2.2 im dänischen Recht

Wegen der Christel-Schmidt-Entscheidung wurde in Dänemark in der Literatur teilweise befürchtet, dass nun eine Auftragsvergabe nicht mehr möglich sei, ohne dass das Gesetz vom 21. März 1979 und dessen Rechtsfolgen zur Anwendung kommen. Dennoch ist die reine Funktionsnachfolge nach dänischer Rechtsprechung nicht als Betriebsübergang im Sinne des Gesetzes vom 21. März 1979 zu werten. Entgegen der Christel-Schmidt-Entscheidung urteilten dänische Gerichte immer wieder, dass es nicht genüge, dass dieselbe Tätigkeit ausgeübt wird, um den Übergang einer wirtschaftlichen Einheit im Sinne des Gesetzes vom 21. März 1979 zu bejahen. Verneint wurde das Vorhandensein eines Betriebsübergangs im Sinne des Gesetzes vom 21. März 1979 in nachfolgendem Fall.[133]

---

[131] Alsbæk H., 2001, S. 233
[132] Alsbæk H., 2001, S. 234
[133] Alsbæk H., 2001, S. 235

Ein Hotel hatte bis zum 31. Juli 1992 Reinigungsbetrieb B mit Reinigungsaufgaben betraut und vergab diesen Reinigungsauftrag ab 01. August an Reinigungsbetrieb C. Dieser übernahm einige Arbeitnehmer vom Auftragsvorgänger. Begründet wurde die Entscheidung in diesem Fall damit, dass zum einen zwischen B und C keine Verbindung bestand, weiterhin keine Betriebsmittel übernommen wurden und außerdem mit der Reinigung sowohl für das Hotel als auch für C nur ein kleiner Bereich deren Aktivitäten betroffen war. Allerdings ist diese Argumentation gewagt, da es nach Ansicht des EuGH nicht notwendig ist, dass zwischen Erwerber und Veräußerer ein Vertragsverhältnis vorliegt. Die Rechtsprechung in Dänemark stimmte dem generell zu. Dennoch wird aus der Entscheidung ersichtlich, dass in Dänemark der Übergang der reinen Tätigkeit definitiv nicht genügt, um das Gesetz vom 21. März 1979 anzuwenden.[134]

Da Dänemark immer sehr bestrebt war, das Gesetz vom 21. März 1979 richtlinienkonform auszulegen, überrascht es um so mehr, dass sich die dänische Rechtsprechung in der dargelegten Entscheidung entschieden hat, dass Gesetz vom 21. März 1979 nicht anzuwenden, obwohl diese in der Zeit zwischen der Christel-Schmidt-Entscheidung und Ayşe-Süzen-Entscheidung des EuGH gefällt wurde. Dies war folglich zu einem Zeitpunkt, als die dänische Rechtsprechung eigentlich die Christel-Schmidt Entscheidung hätte beachten und das nationale Recht entsprechend hätte auslegen müssen. Trotzdem befasste sich die dänische Rechtsprechung im genannten Fall nicht sonderlich mit der Christel-Schmidt-Entscheidung und stellte fest, dass kein Betriebsübergang im Sinne des Gesetzes vom 21. März 1979 vorliege.[135]

Nach der Verkündung der Ayşe-Süzen-Entscheidung ist nun eine Änderung der Rechtsprechung nicht mehr erforderlich. Eine reine Funktionsnachfolge, egal ob Outsourcing oder Auftragsnachfolge, zählt somit also nicht zum Anwendungsbereich des Gesetzes vom 21. März 1979.[136]

3.2.3 im deutschen Recht

Eine bloße Funktionsnachfolge wird in Deutschland nicht als Betriebsübergang gewertet. Daher ist § 613a BGB nicht auf die Funktionsnachfolge anwendbar und somit eine Funktionsnachfolge strikt von einem Betriebsübergang zu trennen. Voraussetzung für einen Betriebsübergang ist, dass der Erwerber Betriebsmittel, zumindest teilweise, als Gegenstände eines gegenständlich-räumlichen Betriebsteils übernimmt. Bestätigung hat diese Auffassung auch in der sog. „Bewachungsentscheidung" und im „Spühlküchenfall" durch das BAG gefunden. Nach Verkündung der Entscheidung im Fall Christel Schmidt Mitte der neunziger Jahre durch den EuGH herrschte in Deutschland deswegen auch große Empörung. Die Literatur äußerte harsche Kritik. Gelegentlich orientierte sich die Rechtsprechung an der Christel-Schmidt-Entscheidung des EuGH, dennoch hatte das BAG Schwierigkeiten, entsprechend dem EuGH eine Auftragsnachfolge als Betriebsübergang zu bewerten. Aus diesem Grund hat das BAG dem EuGH erneut einen Fall der Auftragsnachfolge vorgelegt, damit dieser über die Anwendbarkeit der Richtlinie entscheidet.[137]

---

[134] Alsbæk H., 2001, S. 235
[135] Alsbæk H., 2001, S. 235 und 236
[136] Alsbæk H., 2001, S. 236
[137] Alsbæk H., 2001, S. 236 und 237

Nachdem der EuGH im Fall Ayşe Süzen seine Entscheidung verkündete, nahm das BAG das Vorabentscheidungsersuchen zurück, weswegen der EuGH über diese Vorlage nicht mehr urteilen konnte. Die Ayşe-Süzen-Entscheidung gab nämlich Antwort darauf, ob die Richtlinie bei einer Funktionsnachfolge anwendbar ist und daher war das BAG der Ansicht, dass der Vorabentscheidungsersuch nicht mehr aufrechterhalten werden muss.

Den deutschen Gerichten war es also möglich, an ihrer bisherigen Rechtsprechung festzuhalten und eine reine Funktionsnachfolge nicht als Betriebsübergang im Sinne von § 613a BGB zu bewerten. In seiner Entscheidung vom 13. November 1997 verwies das BAG ausdrücklich auf die Ayşe-Süzen-Entscheidung und stellte fest, dass bei einer Funktionsnachfolge kein Betriebsübergang vorliege.

Auch in Deutschland hat die reine Funktionsnachfolge keine Anwendbarkeit des § 613a BGB zur Folge. Allein die Übernahme einer Tätigkeit fällt nicht in den Anwendungsbereich des § 613a BGB, wenn dann müssten weitere Merkmale vorliegen, aus denen man schlussfolgern kann, dass eine wirtschaftliche Einheit übergegangen ist, die ihre Identität bewahrt hat.[138]

3.2.4 im französischen Recht

Auch in Frankreich genügt eine reine Funktionsnachfolge nicht, damit Art. L 122-12II C.T. Anwendung findet. Frankreich erkannte schon gut zehn Jahre vor dem EuGH, dass man davon abkommen muss, Art. L 122-12II C.T. bei einer reinen Funktionsnachfolge anzuwenden. Allerdings stand diese Rechtsprechung in Widerspruch zur EuGH-Rechtsprechung, bis das Urteil im Fall Christel Schmidt fiel.

Aus zwei Gründen erkannte Frankreich, dass eine Änderung der nationalen Rechtsprechung notwendig wird, außer der EuGH würde nicht bei seiner Rechtsprechung im Fall Christel Schmidt bleiben. Zum einen wurde kurz nach Verkündung der Christel-Schmidt-Entscheidung ein Vorschlag zur Änderung der Richtlinie vorgelegt, durch den die Anwendbarkeit der Richtlinie bei einer Funktionsnachfolge ausgeschlossen werden sollte und zum anderen wegen den eigenen nationalen Erfahrungen in diesem Bereich. Dennoch war man davon überzeugt, dass die Christel-Schmidt-Entscheidung eine Einzelfallentscheidung darstellt und die Funktionsnachfolge kein Betriebsübergang im Sinne der Richtlinie sei. Diese Annahme bestätigte sich, als im Fall Ayşe Süzen vom EuGH festgestellt wurde, dass die Richtlinie bei einer bloßen Funktionsnachfolge nicht angewendet werden kann. Wegen der Vermutung, dass der Fall Christel Schmidt eine Einzelfallentscheidung sei, wurde in der Zeit nach der Christel-Schmidt-Entscheidung die Anwendung des Art. L 122-12II C.T. bei einer reinen Funktionsnachfolge abgelehnt. Die Rechtsprechung, die Frankreich entwickelt hatte, stand also nur kurze Zeit in Widerspruch zur EuGH-Rechtsprechung und ist nun in Einklang mit dem europäischen Recht, so dass Art. L 122-12II C.T. bei einer bloßen Funktionsnachfolge nicht angewandt wird.[139]

---

[138] Alsbæk H., 2001, S. 237
[139] Alsbæk H., 2001, S. 234

4. Deutsche Rechtssprechung nach dem Urteil des EuGH

4.1 Trainerwechsel kein Betriebsübergang: BAG, Urteil vom 05.02.2004 – 8 AZR 639/02

Trainiert im Hochleistungssport eine Schwimmtrainerin nach einem Vereinswechsel den gleichen Personenkreis in derselben Trainingsstätte, liegt kein Betriebsteilübergang vor.

Die Klägerin war als Schwimmtrainerin im Hochleistungssport für den Berliner Schwimmverband (BSV) tätig und trainierte die ihr zugeteilte Trainingsgruppe in einer dem Land Berlin gehörenden Schwimmhalle. Schon bald nach der Aufnahme ihrer Beschäftigung wurde sowohl ihr Arbeitsverhältnis als auch das von weiteren Kadertrainern des BSV von einem anderen Verein übernommen. Hier trainierte sie dieselben Personen wie bisher in der gleichen Schwimmhalle. Kurz nach der Übernahme wurde ihr vom neuen Verein gekündigt, woraufhin die Trainerin Klage einreichte weil nach ihrer Auffassung die Kündigung nach § 613a Abs. 4 BGB unwirksam sei. Mit der Begründung, dass die Schwimmtrainerin und ihre Trainingsgruppe keinen übergangsfähigen Betriebsteil nach § 613a BGB darstellen würden, wies das BAG die Klage ab. Voraussetzung für einen Betriebsübergang sei die Übertragung eines organisatorisch selbstständigen Bereichs; dieser muss seine Identität wahren, im Unternehmen einem gewissen Teilzweck nachgehen und vom Veräußerer auf den Erwerber übergehen. Es genüge hierbei nicht, dass der Erwerber nur eine bestimmte Funktion mit seinem Personal ausführt. Deshalb sei die Klägerin zusammen mit ihrer Trainingsgruppe nicht als abgrenzbarer und selbstständig übertragbarer Betriebsteil des BSV anzusehen. Außerdem stelle die Trainingsgruppe keine Arbeitsorganisation im arbeitsrechtlichen Sinn dar, denn diese Sportler seien nur Vereinsmitglieder und keine Arbeitnehmer des Vereins. Weiterhin sei es nicht ausschlaggebend, dass nach dem Vereinswechsel weiterhin in der gleichen Schwimmhalle trainiert wird. Die Schwimmhalle im hiesigen Fall stelle nämlich ein Arbeitsmittel dar, über das weder der BSV noch die Schwimmtrainerin selbstständig bestimmten könnten; sie werde nur „passiv" als „fremde Einrichtung" benutzt. Deshalb sei die Halle weder Betriebsmittel des BSV noch der Klägerin. Auch die anderen Trainer, die der neue Verein übernommen hat, würden keine selbstständige Organisation darstellen, die nach § 613a BGB übergehen kann.

PRAXISHINWEIS:
Das BAG hat in diesem Urteil an seiner Linie zur Differenzierung zwischen Betriebsteilübergang und Funktionsnachfolge festgehalten. Positiv hieran ist, dass v.a. geprüft wird, inwiefern eine selbstständige Arbeitsorganisation vorliegt, die beim Übergang ihre Identität wahrt. Der Arbeitgeber (in diesem Fall der BSV) muss die Arbeitsorganisation selber aufgebaut haben und sie steuern können. Bei dieser durchzuführenden Beurteilung sind „externe Faktoren" wie z.B. die Zusammensetzung der Trainingsgruppe oder die Nutzung einer bestimmten Schwimmhalle irrelevant. Das BAG hält somit an seiner bisherigen Rechtsprechung fest, dass es zu keinem Betriebsübergang kommt, wenn nur eine Aufgabe vom Veräußerer auf den Erwerber übertragen wird. Als Faustregel kann der Praxis folgendes an die Hand gegeben werden: Ein Betriebsübergang liegt nur vor, wenn sachliche Betriebsmittel (die dem Veräußerer gehören) und Arbeitnehmer auf einen Dritten übergehen.[140]

---

[140] NJW-Spezial, 2004, Heft 4, S. 179 und 180

4.2 Kein Betriebsübergang bei Umstellung von Fachverkauf auf Discounter: BAG, Urteil vom 13.07.2006 – 8 AZR 331/05

Das Hauptmerkmal zur Beurteilung eines Betriebsübergangs ist das der „Identität" des Betriebs. Wird ein Möbelfachgeschäft als Möbeldiscounter weitergeführt, ist dieses Kriterium nicht gegeben und es liegt kein Betriebsübergang vor.

Der Kläger in diesem Fall ist seit 24 Jahren als Verkäufer in einem Möbelfachgeschäft tätig, welches ein Vollsortiment an Möbeln anbietet. Mitnahmemöbel stellen jedoch lediglich einen kleinen Teilbereich dar. Eingekauft werden die Möbel über eine Einkaufsgemeinschaft, wo sie auf Wunsch auch (nach)bestellt werden können. Die Möbel werden zum Kunden transportiert und montiert. Außerdem ist eine Küchenabteilung vorhanden. Als das Möbelgeschäft insolvent wird, kündigt der Insolvenzverwalter das Arbeitsverhältnis wegen dringender betrieblicher Gründe, da er den Betrieb stilllegen möchte. Die vorhandenen Restbestände an Möbeln verkauft er 6 Tage nach Ausspruch der Kündigung. 14 Tage danach eröffnet ein Discounter in diesem ehemaligen Möbelladen. Dieser bietet größtenteils Möbel zum Selbstabholen an, die er aus Insolvenzen, Restbeständen und Überproduktion erwirbt. Den Küchenbereich führt der Discounter weiter. In allen drei Instanzen scheiterte der Arbeitnehmer mit seiner Kündigungsschutzklage.

Um festzustellen, ob das Hauptkriterium eines Betriebsübergangs, die Identität des Betriebs, vorliegt, hat der EuGH einen Sieben-Punkte-Katalog erarbeitet. Falls sich aus der Überprüfung allerdings ergibt, dass die Identität des Betriebs nicht erhalten bleibt, handelt es sich nicht um einen Betriebsübergang, sondern nur um eine Funktionsnachfolge. Wenn ein Insolvenzverwalter einen Betrieb stilllegt und nicht er ihn selbst wiedereröffnet, liegt kein Betriebsübergang vor. Dieses Möbelfachgeschäft war ein Betrieb, der überwiegend durch materielle Betriebsmittel gekennzeichnet war und genau diese gingen nicht auf den Discounter über, denn er hat weder die noch vorhandenen Möbelrestbestände veräußert noch greift er auf die Einkaufsgemeinschaft des Fachgeschäfts zurück. Der Discounter bevorzugt es, ein komplett anderes Sortiment aus anderen Bezugsquellen anzubieten, dass auf einem Selbstabholungskonzept basiert. Das BAG hat herausgestellt, dass der Discounter und das Fachgeschäft verschiedene Einkaufsquellen nutzen und die Kunden hier jetzt keine Markenmöbel mehr zur Auswahl haben und diese auch nicht mehr bestellen können. Das anliefern und montieren der Möbel ist beim Discounter eher nebensächlich. Letztendlich lässt sich keine Identität zwischen Discounter und Fachgeschäft erkennen. Deswegen handelt es sich auch nicht um einen Betriebsübergang. Generell wäre es dem Arbeitnehmer möglich, sich darauf zu berufen, dass die Küchenabteilung nahezu unverändert weiterbesteht, weswegen es sich hier um einen Teilbetriebsübergang handeln könnte. Allerdings äußert sich der Arbeitnehmer hier nicht deutlich genug und bringt z.B. nicht vor, dass der Küchenbereich ein organisatorisch selbstständiger Betriebsteil ist und er in diesem Teilbetrieb angestellt war. Deswegen hat das BAG hier auch keinen Teilbetriebsübergang unterstellt.[141]

---

[141] NJW-Spezial, 2006, Heft 12, S. 565

PRAXISHINWEIS:

Dieses konventionelle BAG-Urteil betrifft Betriebe, für die materielle Betriebsmittel kennzeichnend sind. Es ist hier allerdings entscheidend, welche Betriebsmittel übernommen werden und wie sich nach dem Übergang sowohl das Sortiment als auch die Kundschaft des Betriebs zusammensetzen. Lässt sich keine oder nur eine äußerst geringe „Identität" zwischen altem und neuen Betrieb feststellen, handelt es sich auch nicht um einen Betriebsübergang. Das Problem, einen Betriebsübergang von einer reinen Funktionsnachfolge zu differenzieren, ergibt sich eher bei Betrieben im Dienstleistungs- oder Servicebereich, die nicht oder nur in sehr geringem Umfang durch Betriebsmittel geprägt sind.[142]

4.3 Betriebsübergang I – Bodenpersonal einer Fluglinie: BAG, Urteil vom 16.05.2007 – 8 AZR 693/06

Wenn abwicklungsrelevante Daten und Dateien an einen Dienstleister nur übermittelt werden, stellt dies allein noch keinen Betriebsübergang dar.

In diesem Fall betrieb ein Luftfahrtunternehmen am Frankfurter Flughafen einige Check-In-Schalter und hatte dort Arbeitnehmer angestellt, deren Aufgabe das sog. „Handling" war. Den Beschäftigten obliegt hierbei die Betreuung der Fluggäste, Flugzeuge und Crew für die Dauer des Aufenthalts am Boden. Im Jahr 2003 trat das Luftfahrtunternehmen dem Flugverbund „Star-Alliance" bei und entschloss sich daraufhin, seine komplette Bodenabfertigung zum 01.11.2004 an ein anderes Mitglied der „Star-Alliance" abzugeben. Das Luftfahrtunternehmen übermittelte diesem Unternehmen von da an seine Daten, u.a. über die abzufertigenden Flüge, die gebuchten Passagiere und das Flugpersonal und kündigte seinen in der Bodenabfertigung tätigen Arbeitnehmern. Einer der betroffenen Arbeitnehmer klagt gegen die Kündigung weil er der Ansicht ist, dass zwischen den beiden Luftfahrtunternehmen ein Betriebsübergang vorliege.

Genauso wie die Vorinstanzen wies auch das BAG die Klage zurück mit der Begründung, es liege kein Teilbetriebsübergang vor. Somit sei die Kündigung nicht nach § 613a Abs. 4 BGB unwirksam. Damit ein Betriebsübergang vorliegt, sei es erforderlich, dass eine organisatorische Gesamtheit von Personen und/oder Sachen auf einen Erwerber übergeht und zugleich die Identität der wirtschaftlichen Einheit gewahrt bleibt. Dabei müssten alle relevanten Tatsachen bzgl. dieses Vorgangs beachtet werden. Auch wenn man in dem hier vorliegenden Fall annehmen könne, dass das „Handling" ein übertragungsfähiger Betriebsteil ist, sind auf das andere Luftfahrtunternehmen weder materielle & immaterielle Betriebsmittel und keine Arbeitnehmer mit übergegangen. Natürlich ist der neue Dienstleister auch im Flughafen Frankfurt tätig, allerdings nicht an den Schaltern und in den Betriebsräumen, die von der bisherigen Arbeitgeberin genutzt wurden. Nur das Überspielen von Daten für einzelne Aufträge oder Flüge fällt nicht so bedeutend ins Gewicht. Mit diesen einzelfallbezogenen Daten ist es unmöglich, einen „übergeordneten Teilbetriebszweck" zu verfolgen. Das Handling kann auch nicht als betriebsmittelarmer Bereich angesehen werden, denn für die Bodenabfertigung ist es unerlässlich, hochtechnologisierte Anlagen einzusetzen,[143]

---

[142] NJW-Spezial, 2006, Heft 12, S. 565
[143] NJW-Spezial, 2007, Heft 13, S. 546 und 547

um das Gepäck entgegenzunehmen und weiterzugeben. Außerdem benötigt man auf dem Vorfeld und der Rampe Betriebsmittel, wie z.B. Automobile und Funkgeräte.

PRAXISHINWEIS:

Dieses Urteil ist ein weiterer wichtiger „Baustein" in der Betriebsübergangs-Rechtsprechung. Nachdem das BAG die Neuvergabe des Auftrags zur Sicherheitskontrolle an Flughäfen als (Teil-)Betriebsübergang bewertet hat, wäre anzunehmen, dass auch bei der Übertragung von Aufgaben im Bereich der Passagierabfertigung ein Betriebsübergang vorliegt und somit § 613a BGB zur Anwendung kommt. An diesem Fall war allerdings das Besondere, dass das neue Luftfahrtunternehmen – abgesehen von den überspielten Daten – so gut wie keine „Hilfsmittel" der früheren Arbeitgeberin benutzte; v.a. hat es die Tätigkeit nicht an jenen Abfertigungsschaltern weitergeführt, die die Arbeitgeberin genutzt hatte. Die BAG-Rechtsprechung tendiert damit immer mehr in die Richtung, dass Arbeitsverhältnisse nur dann übergehen, wenn sowohl Veräußerer als auch Erwerber etwas „Greifbares" (egal ob Betriebsmittel oder Beschäftigte) nutzen, um den Betriebszweck zu realisieren.[144]

4.4 Kein Widerspruchsrecht bei Erlöschen des bisherigen Arbeitgebers: BAG, Urteil vom 21.02.2008 – 1 AZR 157/07

Den Arbeitnehmern steht kein Widerspruchsrecht nach § 613a BGB zu, wenn ihr bisheriger Arbeitgeber auf Grund eines Betriebsübergangs als Rechtsträger erlischt.

Der Kläger ist bei einer GmbH&Co.KG beschäftigt. Die KG besteht nur aus zwei Gesellschaftern, einer Kommanditistin und einer Komplementärin (= die GmbH). Als die KG gesellschaftsrechtlich umstrukturiert wird, tritt die Komplementärin aus. Dadurch wird die KG beendet. Dies hat zur Folge, dass alle Aktiva und Passiva mit dem Ausscheiden durch die Gesamtrechtsnachfolge auf die verbleibende Gesellschafterin übergehen. Bevor die Umstrukturierung wirksam wird, unterrichtete man das Personal der KG gem. § 613a BGB über den Übergang ihrer Arbeitsverhältnisse auf die Kommanditistin. Anfangs widersprach der Arbeitnehmer dem Übergang seines Arbeitsverhältnisses. Allerdings fühlte er sich einige Zeit danach nicht an seinen Widerspruch gebunden und fordert beim Arbeitsgericht, dass dieses feststellen solle, dass zwischen ihm und der Kommanditistin ein Arbeitsverhältnis besteht.

Das BAG war hier der Ansicht, dass der eingelegte Widerspruch nichtig und die Klage somit zulässig sei. Das Arbeitsverhältnis ging im Rahmen einer gesellschaftsrechtlichen Gesamtrechtsnachfolge auf die Kommanditistin über, denn das einstige Gesellschaftsverhältnis der Gesellschafter der KG endete, als die Komplementärin wegen der Umstrukturierung austrat. Die Gesellschaft erlischt in einem derartigen Fall ohne Auseinandersetzung und der letzte Gesellschafter, der übrig bleibt (in diesem Fall die Kommanditistin), wird automatisch ihr Gesamtrechtsnachfolger. Selbst wenn man hier von einem Betriebsübergang nach § 613a BGB ausgehen würde, wäre der Widerspruch der Arbeitnehmer gegen den Übergang des Arbeitsverhältnisses auf die Kommanditistin zwecklos. Insofern muss die gesetzliche Regelung des Widerspruchsrechts in § 613a Abs. 6 BGB teleologisch reduziert werden.[145]

---

[144] NJW-Spezial, 2007, Heft 13, S. 547
[145] NZA, 2008, Heft 14, S. 815 und 816

(von einer teleologischen Reduktion ist dann die Rede, wenn der „Anwendungsbereich einer Rechtsnorm von der Rechtsprechung oder Wissenschaft so beschränkt wird, dass Sachverhalte, die nach dem Wortlaut der Norm an sich erfasst würden, von der Anwendung der Norm ausgeschlossen werden. Voraussetzung für die teleologische Reduktion ist, dass die vom Wortlaut umfassten Fälle der inneren Teleologie [= Zielsetzung] des Gesetzes widersprechen").[146]

Ein Widerspruchsrecht steht den Arbeitnehmern aber nicht zu, wenn ihr bisheriger Arbeitgeber durch eine gesellschaftsrechtliche Gesamtrechtsnachfolge erlischt. In der Literatur teilt man größtenteils die Meinung, dass in solch einem Fall der Widerspruch im Prinzip als fristlose Beendigung des Arbeitsverhältnisses erfolgen kann. Berücksichtigt man allerdings die klarstellende Gesetzesregelung in § 613a Abs. 3 BGB, wonach ein Rechtsträger, der durch eine Umwandlung erloschen ist, nicht mehr haftet, muss davon ausgegangen werden, dass der Gesetzgeber in solchen Fällen kein Widerspruchsrecht zulässt, auch wenn dies in § 613a Abs. 6 BGB nicht eigens erwähnt wird. Dadurch wird der Arbeitnehmer auch nicht unzumutbar belastet. Erlischt der bisherige Arbeitgeber, so ist dies ein wichtiger Grund i.S.v. § 626 Abs. 1 BGB; dadurch steht dem Betroffenen das Recht zur fristlosen Kündigung zu, sofern er sein Arbeitsverhältnis nicht mit dem neuen Arbeitgeber fortführen möchte.

PRAXISHINWEIS:
Durch diese Entscheidung hat das BAG Klarheit in Bezug auf eine bedeutende, allerdings bislang nicht geklärte Frage geschafft. In der Praxis macht es natürlich keinen großen Unterschied, ob das Arbeitsverhältnis in Folge eines Widerspruchs automatisch erlischt oder vom Arbeitnehmer ohne Einhaltung der ordentlichen Kündigungsfrist beendet wird. Bei beiden Varianten hat der Arbeitnehmer im Grunde die Möglichkeit, sein Arbeitsverhältnis fristlos zu beenden. Jedoch merkt das Gericht an, dass nicht gleich jeder „ungültige" Widerspruch auch als außerordentliche Kündigungserklärung angesehen werden kann. Daher ist es für Arbeitgeber sehr wichtig, in einem nach § 613a BGB erforderlichen Unterrichtungsschreiben explizit darauf hinzuweisen, dass kein Widerspruch möglich ist. Lediglich dann sind dennoch erklärte Widersprüche als außerordentliche Kündigung auszulegen.[147]

4.5 Spaltung eines Betriebs als Betriebsänderung: BAG, Beschluss vom 18.03.2008 – 1 ABR 77/06

Wenn im Rahmen einer Auftragsnachfolge eine innerbetriebliche Teilfunktion auf einen externen Dienstleister verlagert wird, liegt keine Spaltung eines Betriebs i.S.v. § 111 Nr. 3 BetrVG vor.

Die Betriebspartner sind sich darüber uneinig, inwiefern der Sozialplan, den die Einigungsstelle aufgestellt hat, wirksam ist. Die Inhaberin eines Zeitungsverlages beschäftigte 390 Mitarbeiter. Sie entschied sich dafür, die Abteilung Satzherstellung, die 10 Mitarbeiter umfasst, zu schließen und diese Aufgabe an einen externen Dienstleiter im Rahmen eines Werkvertrags zu übergeben. In der kommenden Zeit sprach sie den betroffenen Mitarbeitern betriebsbedingte Kündigungen aus.[148]

---

[146] www.lexexakt.de/glossar/teleologischereduktion.php
[147] NZA, 2008, Heft 14, S. 816
[148] NJW-Spezial, 2008, Heft 14, S. 434

Auf Drängen des Betriebsrats wurde eine Einigungsstelle eingerichtet; diese erarbeitete einen Sozialplan, der v.a. Abfindungszahlungen für die gekündigten Mitarbeiter plante. Die Arbeitgeberin erhob Einspruch gegen diesen Einigungsstellenspruch, da sie der Ansicht ist, dass es sich um keine Betriebsänderung handle.

Das BAG stimmte der Arbeitgeberin zu, denn eine Fremdvergabe der Satzherstellung kann weder als Betriebsspaltung noch als Stilllegung eines wesentlichen Betriebsteils oder als wesentliche Änderung der Betriebsorganisation im Sinne von § 111 BetrVG gewertet werden. Generell kann man von einer interessenausgleichs- und sozialplanpflichtigen Betriebsspaltung nur dann sprechen, wenn eine Betriebsspaltung innerhalb des gleichen Unternehmens erfolgt oder ein Betriebsteil gem. § 613a BGB an einen Dritten verkauft wird (§ 111 Nr. 3 BetrVG). Voraussetzung für eine Spaltung ist demzufolge, dass danach mindestens zwei neue Einheiten existieren. Dies ist nicht gegeben, wenn durch diesen Schritt die betriebliche Tätigkeit eines Betriebsteils eingestellt wird, ohne dass dessen Kern bestehen bleibt; dies wäre eine reine Stilllegung des Betriebsteils. Die gesetzlichen Tatbestände in § 111 Nr. 1 und § 111 Nr. 3 BetrVG schließen eine Betriebsstilllegung und eine Spaltung wechselseitig aus. Ansonsten würde es keinen Sinn machen, dass die Stilllegung eines Betriebsteils interessenausgleichs- und sozialplanpflichtig ist, wenn es sich um wesentliche Betriebsteile handelt (vgl. § 111 Nr. 1 BetrVG). Für den Fall einer Betriebsspaltung findet sich im Gesetz keine diesbezügliche Einschränkung. Der vorliegende Fall (Fremdvergabe der Arbeiten an einen externen Dienstleister) ist deshalb nicht als Betriebsübergang zu werten, da der Auftragnehmer sowohl keine materiellen und immateriellen Betriebsmittel übernimmt als auch nicht die Hauptbelegschaft der Auftraggeberin. Dieser Schritt kann auch weder als Stilllegung eines wesentlichen Betriebsteils i.S.v. § 111 Nr. 1 BetrVG noch als sozialplanpflichtiger Personalabbau gem. § 112a Abs. 1 Nr. 3 BetrVG angesehen werden, denn von der Gesamtbelegschaft ist nur ein sehr geringer Anteil der Arbeitnehmer von den Kündigungen berührt. Da die Auftragsvergabe keine Auswirkungen auf die übrig bleibenden Betriebsabläufe und Arbeitsverhältnisse hat, ändert sich auch die Arbeitsorganisation nicht entscheidend (§ 111 Nr. 4 BetrVG).

PRAXISHINWEIS:
Aus dieser Entscheidung wird ersichtlich, dass ein Interessenausgleich und Sozialplan bei Outsourcing nur dann möglich ist, wenn die Auftragsvergabe an einen externen Dienstleister als Betriebsübergang im Sinne von § 613a BGB bewertet werden kann oder die Maßnahme so umfangreich ist, dass die Grenzwerte für einen sozialplanpflichtigen Personalabbau überschritten werden. Selbst wenn ein Betriebsübergang vorliegt, sollten die betroffenen Arbeitnehmer nicht jubeln, denn im Normalfall fehlt es an auszugleichenden „Nachteilen" i.S.v. § 112 Abs. 1 S. 2 BetrVG, sofern durch § 613a BGB gesichert ist, dass das Arbeitsverhältnis weiterbestehen kann. In solch einem Fall ist es unzulässig, dass die Einigungsstelle Abfindungen für Arbeitnehmer festlegt, die Widerspruch gegen den Übergang ihres Arbeitsverhältnisses eingelegt haben (§ 112 Abs. 5 Nr. 2 BetrVG).[149]

---

[149] NJW-Spezial, 2008, Heft 14, S. 434 und 435

4.6 Betriebsübergang – Gründung einer Gesellschaft zur Personalgestellung: BAG, Urteil vom 21.05.2008 - 8 AZR 481/07

Für den Fall, dass ein Unternehmen seine Mitarbeiter, die für die Reinigung zuständig sind, auf eine Service-GmbH überträgt, und diese alle übernommenen Arbeitnehmer an den bisherigen Arbeitgeber entleiht, und dieser die Reinigungsarbeiten in gleicher Weise wie bislang fortführt, liegt ein Betriebsübergang vor. Zumindest ist dies dann zutreffend, wenn der Zweck der Service-GmbH nur darin besteht, dem bisherigen Arbeitgeber und mit ihm verbundenen Unternehmen Personal zu stellen.

Dieses Urteil basiert auf folgendem Sachverhalt: Ein Krankenhausbetreiber errichtete eine Tochtergesellschaft und übertrug sämtliche Reinigungskräfte auf sie, indem er die Arbeitnehmer Aufhebungsverträge unterzeichnen ließ und sie gleichzeitig einen neuen Arbeitsvertrag mit der Tochtergesellschaft zu schlechteren Bedingungen erhielten. Von der Tochtergesellschaft wurden diese Arbeitnehmer im Rahmen einer Arbeitnehmerüberlassung an den Krankenhausbetreiber überlassen; dieser führt die Reinigungsarbeiten wie bislang aus (Weisungen erteilen sowie Reinigungsmittel und Arbeitsgeräte zur Verfügung stellen). Da der Betrieb auf die Tochtergesellschaft übergegangen ist, sind die verschlechterten Arbeitsbedingungen nicht wirksam.

Nicht jedes Outsourcing ist sofort als Betriebsübergang zu werten. Zwingend erforderlich ist der Übergang einer wirtschaftlichen Einheit auf den Erwerber. Voraussetzung hierfür ist allerdings, dass der Erwerber den Reinigungsservice übernimmt und er die Arbeiten mit den früheren Arbeitnehmern wie bisher organisiert. Nur dann erfolgt ein Übergang der Arbeitsplätze auf einen Dritten. Daher verwundert es, dass der 8. Senat den vorliegenden Fall als Betriebsübergang bewertet hat, denn die Service-Gesellschaft hat zwar die Arbeitsverträge, aber keine Arbeitsplätze mit übernommen. Nie betrieb sie als Teilbereich ihres Betriebes einen eigenen Reinigungsservice. Dieser verblieb beim Krankenhausbetreiber, der die Arbeiten in gleicher Weise wie bislang fortführt. Er „kauft" lediglich Personal zu. Selbst mit dem Argument, dass die Arbeitnehmer besonders schutzbedürftig seien, kann die Anwendung des § 613a BGB nicht erklärt werden. Zwar haben die Arbeitnehmer bei ihrem bisherigen Arbeitgeber grundsätzlich betriebsbedingte Kündigungen zu befürchten, wenn ihre Arbeitsplätze im Rahmen eines Outsourcings auf einen Dienstleister übertragen werden. Allerdings ist es im vorliegenden Fall anders. Nur weil sich der Krankenhausbetreiber dafür entscheidet, den Reinigungsservice in Zukunft von Leiharbeitnehmern ausführen zu lassen, sind nach Auffassung einiger Arbeitsgerichte noch keine betriebsbedingten Kündigungen gerechtfertigt. Es kann sein, dass der Senat seine Rechtsprechung zu den Voraussetzungen eines Betriebsübergangs korrigiert hat. Jedoch lässt er scheinbar Gestaltungsfreiräume zu, da er den eingeschränkten Unternehmenszweck der Service-GmbH herausstellt. Diesbezüglich muss man sich aber bis zur Bekanntgabe der Entscheidungsgründe gedulden. Ein Betriebsübergang lässt sich möglicherweise umgehen, wenn die Leistungen auch externen Dritten angeboten werden.[150]

---

[150] NZG, 2008, Heft14, S. 545

5. Heutige Geltung und Auslegung des § 613a BGB

5.1 Anwendungsbereich des § 613a BGB

Veräußerer und Erwerber können vertraglich nicht ausschließen, dass der Erwerber in die Rechte und Pflichten aus den betroffenen Arbeitsverhältnissen eintritt. Auch zwischen Veräußerer und Arbeitnehmer können die Arbeitnehmerrechte nicht ausgehebelt werden, selbst wenn dies in beiderseitigem Einverständnis geschehen würde. § 613a BGB kann im Rahmen eines Sozialplans nicht einmal vom Betriebsrat ausgeschlossen werden. Aus dem Zweck der Vorschrift, die Arbeitnehmer bei einem rechtsgeschäftlichen Betriebsübergang zu schützen, folgt, dass § 613a BGB zwingendes Recht ist.[151]

5.1.1 Sachlicher Anwendungsbereich

Einzelrechtsnachfolge

§ 613a BGB kann nur bei einer Einzelrechtsnachfolge direkt angewandt werden. Von einer Einzelrechtsnachfolge spricht man, wenn alle materiellen und immateriellen Rechte eines Vermögensbegriffs einzeln auf einen Dritten übertragen werden; dabei müssen natürlich die entsprechenden Vorschriften berücksichtigt werden. Die einzelnen Vermögensgegenstände, die zum Vermögensbegriff gehören, müssen bereits dann erfasst und aufgezählt werden, wenn das Verpflichtungsgeschäft (hier: Kaufvertrag) beschlossen wird, worauf die Übertragung basiert.[152]

Gesamtrechtsnachfolge

Von der Einzelrechtsnachfolge muss die Gesamtrechtsnachfolge abgegrenzt werden. Von einer Gesamtrechtsnachfolge spricht man, wenn das Vermögen „in einem Akt" und nicht einzeln auf einen neuen Rechtsträger übergeht. Für einen Vermögensübergang ist keine Übertragungshandlung, egal welcher Art, notwendig, vor allem kein Rechtsgeschäft. Daher müssen bei einer Gesamtrechtsnachfolge keine Vorschriften beachtet werden, die bei einer rechtsgeschäftlichen Übertragung einzelner Gegenstände zu berücksichtigen sind. Wenn ein Grundstück übergeht, ist keine Auflassung und Eintragung ins Grundbuch nötig und das Verpflichtungsgeschäft, das diesem Übergang zugrunde liegt, braucht nicht notariell beurkundet werden.

Ist ein Betrieb Objekt der Gesamtrechtsnachfolge, tritt der neue Rechtsträger als neuer Betriebsinhaber kraft Gesetz an die Stelle des alten Betriebsinhabers. Künftig ist dieser kein Betriebsinhaber mehr; gleiches trifft für die Arbeitgeberstellung zu. Durch die Gesamtrechtsnachfolge kommt es zu einem gesetzlichen Arbeitgeberwechsel, womit der Betriebserwerber von den Arbeitnehmern im übergegangenen Betrieb der neue Arbeitgeber wird.[153]

---

[151] Commandeur G./Kleinebrink W., 2002, Rdnr. 45
[152] Commandeur G./Kleinebrink W., 2002, Rdnr. 70
[153] Commandeur G./Kleinebrink W., 2002, Rdnr. 71 und 72

Generell können die Arbeitnehmer nichts dagegen unternehmen, dass ihre Arbeitsverhältnisse bei einer Gesamtrechtsnachfolge auf den Erwerber übergehen, außer sie verlassen das Unternehmen noch unter dem bisherigen Betriebsinhaber, z.B. durch eine Eigenkündigung.[154] § 1922 BGB ist der bekannteste Fall der Gesamtrechtsnachfolge. Mit dem Erbfall, also dem Tod einer Person, geht das Vermögen des Verstorbenen nach dieser Vorschrift kraft Gesetz als Ganzes auf einen oder mehrere Erben über. Nicht anwendbar ist hierbei § 613a BGB.[155]

Solch eine Gesamtrechtsnachfolge liegt auch vor, wenn eine Umwandlung entsprechend dem UmwG erfolgt.[156] In § 324 UmwG wurde jedoch explizit festgelegt, dass § 613a Abs. 1 und 4 bis 6 BGB bei einer Verschmelzung, Spaltung oder Vermögensübertragung nicht zum Tragen kommen. Kraft Gesetzes kommt dieser Paragraph somit „außerhalb seines ursprünglichen rechtsgeschäftlichen Anwendungsbereichs" auch bei der Gesamtrechtsnachfolge zur Geltung.[157]

Insolvenzverfahren

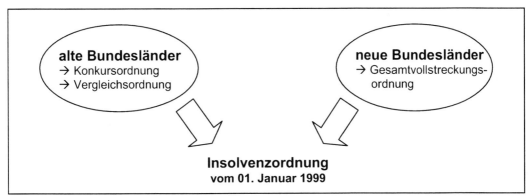

Abb. 2: „Bestandteile" der Insolvenzordnung[158]

Durch die neue InsO wurde die in den alten Bundesländern geltende Konkursordnung sowie Vergleichsordnung und die in den neuen Bundesländern herrschende Gesamtvollstreckungsordnung abgelöst, so dass in Deutschland ab dem 01. Januar 1999 ein homogenes Insolvenzverfahren in Kraft trat. Wichtig werden durch die neue InsO hauptsächlich jene Fragen, die einen Bezug zu § 613a BGB haben. Ein Weg, um das Schuldnervermögen zu verwerten, ist die übertragende Sanierung. Hierbei wird das Unternehmen oder Teile davon an Dritte übertragen, um mit dem erlangten Kaufpreis die Gläubiger zu befriedigen. Sie ist ebenbürtig zur Liquidation des Vermögens und der Verteilung des Erlöses sowie der sanierenden Fortführung des Unternehmens; bei letzterer werden die Ansprüche der Gläubiger aus den Gewinnen befriedigt.

Generell gilt § 613a BGB auch im Insolvenzverfahren, was bereits, als die Konkursordnung noch bestand, durch höchstrichterliche Rechtsprechung festgelegt wurde.[159]

---

[154] Commandeur G./Kleinebrink W., 2002, Rdnr. 72
[155] Commandeur G./Kleinebrink W., 2002, Rdnr. 73
[156] Bachner M./Gerhardt P., 2008, S. 27
[157] Commandeur G./Kleinebrink W., 2002, Rdnr. 74
[158] eigene Darstellung in Anlehnung an Ausführungen in Commandeur G./Kleinebrink W., 2002, Rdnr. 75
[159] Commandeur G./Kleinebrink W., 2002, Rdnr. 75 und 76

Inzwischen wurde durch den Gesetzgeber besonders in § 128 Abs. 2 InsO die Geltung des § 613a BGB im Insolvenzverfahren geregelt. Nebensächlich ist, dass dies nach Art. 5 RL 2001/23/EG europarechtlich nicht unbedingt notwendig ist. Gemäß Art. 8 RL 2001/23/EG können die Mitgliedstaaten allerdings zum Vorteil für die Arbeitnehmer davon abweichen.[160] Wird der Betrieb durch einen Insolvenzverwalter fortgeführt, ist dies kein Betriebsübergang im Sinne des § 613a BGB, denn der Insolvenzverwalter erlangte die Verwaltungs- und Verfügungsmacht nicht durch Rechtsgeschäft sondern er hat sie nach § 80 Abs. 1 InsO kraft Gesetz übertragen bekommen. Ab dem Zeitpunkt, zu dem das Insolvenzverfahren eröffnet wird, hat der Arbeitgeber selbst als Schuldner nicht mehr das Recht, sein Vermögen, das zur Insolvenzmasse zu zählen ist, zu verwalten oder darüber zu verfügen.[161]

Da der Insolvenzverwalter nur gesetzlicher Vertreter der Insolvenzmasse ist, tritt der Erwerber im Fall einer Betriebsveräußerung durch den Insolvenzverwalter in die Rechtsposition des Schuldners und nicht in die des Insolvenzverwalters ein.[162]

Zwangsvollstreckungsverfahren

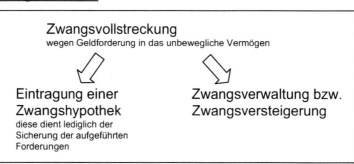

Abb. 3: Möglichkeiten der Zwangsvollstreckung wegen Geldforderung in das unbewegliche Vermögen[163]

Mit Hilfe einer Zwangsverwaltung hat der Gläubiger das Ziel, aus den Erträgen eines Grundstücks, dass der Schuldner besitzt, befriedigt zu werden. Wird ein Grundstück zwangsverwaltet, kommt es generell zu keinem Betriebsübergang, denn von einer Zwangsverwaltung ist nicht das auf dem Grundstück betriebene Gewerbe betroffen. Durch die Zwangsverwaltung eines Grundstücks kommt es nur zur Beschlagnahme des Grundstücks und zu den in den §§ 148 Abs. 1, 20 Abs. 1 und 2 ZVG näher genannten Gegenstände. Nur insofern wird dem Schuldner nach § 148 Abs. 2 ZVG die Verwaltung und Nutzung entzogen und auf den Zwangsverwalter transferiert.[164]

Möchte der Zwangsverwalter solch einen Gewerbebetrieb weiterführen, ist eine separate Vereinbarung zwischen ihm und dem Schuldner erforderlich. Zugleich müssen Verträge über die erforderlichen Gegenstände und Rechte abgeschlossen werden. Die Nutzungsbefugnis, welche er kraft Amtes verliehen bekommt, umfasst lediglich die beschlagnahmten Teile des Betriebsvermögens.[165] Im Zwangsverwaltungsrecht gibt es keine Gesamtrechtsnachfolge, selbst dann nicht, wenn der Gewerbebetrieb durch den Zwangsverwalter fortgeführt wird.[166]

---

[160] Commandeur G./Kleinebrink W., 2002, Rdnr. 76
[161] BAG AP Nr. 56 zu § 613a BGB, Urteilsgrund II 1
[162] BAG AP Nr. 56 zu § 613a BGB, Urteilsgrund II 2
[163] eigene Darstellung in Anlehnung an Ausführungen in Commandeur G./Kleinebrink W., 2002, Rdnr. 78
[164] Commandeur G./Kleinebrink W., 2002, Rdnr. 79
[165] BAG AP Nr. 19 zu § 613a BGB, Urteilsgrund II 3
[166] Commandeur G./Kleinebrink W., 2002, Rdnr. 80

Wenn der Zwangsverwalter den Betrieb des Schuldners anlässlich solch einer seperaten Vereinbarung mit dem Schuldner weiterführt, hat dies einen Übergang kraft Rechtsgeschäft zwischen dem Schuldner als Veräußerer und dem Zwangsverwalter als Erwerber zur Folge.[167] Somit tritt der Zwangsverwalter gem. § 613a BGB in die Arbeitsverhältnisse ein, die noch mit dem Schuldner bestanden.[168]

Gibt es zwischen dem Zwangsverwalter und Schuldner keine entsprechende Vereinbarung, kann der Zwangsverwalter den Betrieb nicht weiterführen und es kommt folglich zu keinem Betriebsübergang. Allerdings muss der Zwangsverwalter bedenken, dass er nach § 152 Abs. 1 ZVG dazu berechtigt und verpflichtet ist, alle erforderlichen Maßnahmen zu ergreifen, damit das Grundstück in seinem wirtschaftlichen Bestand bestehen bleibt und bestimmungsgemäß genutzt werden kann. Ob er einen Betrieb, der sich auf dem Grundstück befindet, weiterführt, entscheidet der Zwangsverwalter nach gewissenhafter Einschätzung. Allerdings benötigt er das Einverständnis des Schuldners, wenn er sich für eine Fortführung entschließt. Dabei muss er allerdings auch die Rechtsfolgen des § 613a BGB beachten.

Der Gläubiger verfolgt mit einer Zwangsversteigerung das Ziel, auf den Kern eines Grundstücks zurückzugreifen, dass der Schuldner besitzt. Weil beim Schuldner nach § 21 ZVG generell bis zum Zuschlag die Erträge verbleiben und er für die Zeit des Zwangsversteigerungsverfahrens nach § 24 ZVG das Grundstück noch nutzen und verwalten darf, beantragt der Gläubiger neben der Zwangsversteigerung auch meistens immer die Zwangsverwaltung. Nach § 866 Abs. 2 ZPO ist eine Zwangsverwaltung parallel zur Zwangsversteigerung möglich. Derjenige, der in der Zwangsversteigerung den Zuschlag erhält, hat keinen Betriebsübergang im Sinne des § 613a BGB zu befürchten, denn die Übertragung beruht auf einem Hoheitsakt und nicht auf einem Rechtsgeschäft; außerdem erfolgt der Zuschlag nicht für den Betrieb als wirtschaftliche Einheit, sondern nach den §§ 20 Abs. 2, 21, 55, 90 ZVG, 1120 BGB nur für das Grundstück samt Zubehör.[169]

Um einen Betriebsübergang auf den Ersteigerer des Grundstücks inkl. Zubehör nach § 613a BGB handelt es aber dann, wenn dieser Betriebsmittel anlässlich einer rechtsgeschäftlichen Vereinbarung mit dem Zwangsverwalter oder dem Schuldner erwirbt, die nicht von der Beschlagnahme betroffen sind.[170]

Testamentsvollstreckung

Ein Betriebsübergang ist auch möglich, wenn die Testamentsvollstreckung nach § 2197 BGB angeordnet wird. Sofern zum Nachlass ein Handelsgeschäft (Unternehmen) gehört, hat der Testamentsvollstrecker dies nach § 2205 BGB treuhänderisch zu verwalten. Da er im Handelsregister als Inhaber eingetragen wird, erhält er auch die arbeitsrechtliche Organisations- und Leitungsmacht. Durch die Verpflichtung zur Verwaltung hat er außerdem die Aufgabe, den Betrieb auch wirklich weiterzuführen und es nicht bloß bei der Fortführungsmöglichkeit zu belassen. Das Rechtsgeschäft, auf dem die Testamentsvollstreckung basiert, ist die Zustimmung der Erben.[171]

---

[167] Commandeur G./Kleinebrink W., 2002, Rdnr. 81
[168] BAG AP Nr. 19 zu § 613a BGB, Urteilsgrund II 4
[169] Commandeur G./Kleinebrink W., 2002, Rdnr. 82 bis 84
[170] BAG AP Nr. 36 zu § 613a BGB, Urteilsgrund II 3
[171] Commandeur G./Kleinebrink W., 2002, Rdnr. 86

Veränderungen in der Zusammenarbeit der Gesellschafter

Ein Betriebsübergang wird nicht bejaht, wenn Gesellschafter bei einer Personenhandelsgesellschaft, einer OHG oder KG ausscheiden. Da die Identität der Gesellschaft gewahrt wird, mangelt es an einem Inhaberwechsel. Bei einer Personengesellschaft sind nicht die einzelnen Gesellschafter Betriebsinhaber, sondern die zur Gesellschaft zusammengefasste Gesamtheit der Gesellschafter. Auch wenn Personenhandelsgesellschaften keine juristischen Personen sind, sind sie jedoch ähnlich den mit eigener Rechtspersönlichkeit versehenen Körperschaften.[172]

Es spielt weder eine Rolle, ob der „Ruf der Firma" mit der Person des ausscheidenden Gesellschafters verknüpft ist noch, ob die Arbeitsverhältnisse auf ihn „zugeschnitten" waren.[173] Bei einer Gesamthands-Personengesellschaft gibt es allerdings diverse Eigenheiten. Eine juristische Person bleibt auch weiterhin eine juristische Person und Vermögensträgerin, wenn sich alle Anteile plötzlich in der Hand einer Person befinden, wohingegen das Gesellschaftsverhältnis bei Gesamthands-Personengesellschaften ohne Auseinandersetzung endet, sobald ein Gesellschafter alle Anteile besitzt oder der vorletzte Gesellschafter ausscheidet. Trotzdem kommt es zu keinem Betriebsübergang nach § 613a BGB, denn in solchen Fällen handelt es sich um eine Gesamtrechtsnachfolge auf den übrig gebliebenen „Alleingesellschafter" und darauf ist § 613a BGB nicht anwendbar.

Wenn ein neuer Gesellschafter in eine Kommanditgesellschaft eintritt, ist dies wegen eines fehlenden Inhaberwechsels auch kein Betriebsübergang, weil wie bereits erwähnt bei einer Kommanditgesellschaft nicht die einzelnen Gesellschafter Betriebsinhaber sind, sondern die zur Gesellschaft zusammengefasste Gesamtheit der Gesellschafter.[174]

Selbst wenn alle Gesellschafter ausgetauscht werden, liegt kein Betriebsübergang vor, da der Arbeitgeber seine Identität wahrt.[175]

Veräußerung von Gesellschaftsanteilen

Auch wenn es bei juristischen Personen zur Veräußerung von Gesellschaftsanteilen kommt (sog. share deal), ist dies kein Inhaberwechsel. Weder das verkaufen von Aktien bei einer AG, noch das verkaufen eines GmbH-Anteils haben Einfluss auf den Bestand der juristischen Person. Übernimmt eine Gesellschaft an einer anderen die Kapitalmehrheit, liegt kein Inhaberwechsel vor und somit kann § 613a BGB auch nicht angewendet werden.[176]

Anders ist die Rechtslage jedoch zu beurteilen, wenn eine natürliche oder juristische Person Inhaber eines Betriebes ist und diesen als Sacheinlage in eine Gesellschaft einbringt. Hierbei handelt es sich um einen Inhaberwechsel und somit ist § 613a BGB anzuwenden. Gleiches gilt, wenn eine Gesellschaft zuerst aufgelöst und dann auf den Erwerber übertragen wird.[177]

---

[172] Commandeur G./Kleinebrink W., 2002, Rdnr. 87
[173] Schliemann, H. 2002, S. 332
[174] Commandeur G./Kleinebrink W., 2002, Rdnr. 88
[175] www.aticon.de/mi2007_11_gmbh_07.htm
[176] Commandeur G./Kleinebrink W., 2002, Rdnr. 90
[177] Preis, Erfurter Kommentar zum Arbeitsrecht, 2008, Rdnr 43

Änderung der Rechtsform

Allein der Rechtsformwechsel eines Unternehmens hat keinen Betriebsübergang nach § 613a BGB zur Folge.[178] Hier ist nur die gesellschaftsrechtliche Ebene tangiert. Es erfolgt keine Übertragung eines Betriebs oder Betriebsteils auf einen neuen Inhaber. Das Vermögen des formwechselnden Rechtsträgers gehört nach dem Formwechsel dem Rechtsträger der neuen Rechtsform.[179]

Ruhendes Arbeitsverhältnis

In § 613a BGB wird nicht differenziert, ob der Arbeitnehmer wirklich arbeitet oder ob das Arbeitsverhältnis kraft Gesetzes oder wegen einer individualvertraglichen Vereinbarung ruht.[180] Arbeitsverhältnisse gehen selbst dann auf den Erwerber über, wenn sie kraft Gesetz ruhen, z.B. wegen des Grundwehrdienstes oder einer Wehrübung nach §§ 1 und 10 ArbPlSchG oder wegen einer Elternzeit nach § 15 BErzGG.[181]

Denkbar ist das vertragliche Ruhen eines Arbeitsverhältnisses z.B. bei einer Auslandsentsendung eines Arbeitnehmers.[182] Häufig vereinbaren der Arbeitgeber und der betroffene Arbeitnehmer, dass die Hauptpflichten aus dem zwischen ihnen bestehenden Arbeitsverhältnis ruhen, bis der Arbeitnehmer wieder aus dem Ausland zurück ins inländische Unternehmen kommt. Wenn ein Betrieb oder Betriebsteil auf einen neuen Inhaber übergeht, in dem der Arbeitnehmer bis zum Ruhen seines Arbeitsverhältnisses gearbeitet hat, geht demnach auch dieses ruhende Arbeitsverhältnis über. Der Erwerber sollte daher beim Veräußerer vorher auch nachfragen, mit welchen Arbeitnehmern zurzeit ein ruhendes Arbeitsverhältnis besteht, damit er sich in seiner Personalplanung entsprechend darauf einstellen kann.[183]

Arbeitsverhältnisse mit feststehendem Beendigungstermin

§ 613a BGB findet auch Anwendung, wenn das Arbeitsverhältnis vom Veräußerer oder Arbeitnehmer vor dem Betriebsübergang gekündigt wurde und die Kündigungsfrist erst nach dem erfolgten Betriebsübergangs endet.[184]

In diesem Fall existierte das Arbeitsverhältnis zum Zeitpunkt des Betriebsübergangs noch. Für den Arbeitnehmer hat dieser Übergang dennoch Bedeutung, trotz der bevorstehenden Beendigung seines Arbeitsverhältnisses. Sowohl der Erwerber als auch der Veräußerer haften für Ansprüche auf noch nicht bezahltes Arbeitsentgelt.[185]

Da es nach § 613a BGB nur relevant ist, ob das Arbeitsverhältnis noch bestand und nicht, inwiefern ein Beschäftigungsverhältnis vorliegt, ist es bedeutungslos, ob der Arbeitnehmer zum Zeitpunkt des Übergangs wirklich arbeitet oder nicht beschäftigt wird, weil er z.B. von der Arbeit freigestellt wurde.[186]

---

[178] Preis, Erfurter Kommentar zum Arbeitsrecht, 2008, Rdnr 44
[179] Commandeur G./Kleinebrink W., 2002, Rdnr. 92
[180] Commandeur G./Kleinebrink W., 2002, Rdnr. 93
[181] Commandeur G./Kleinebrink W., 2002, Rdnr. 94 und Küttner W.,2008, S. 2081
[182] Küttner W.,2008, S. 2081
[183] Commandeur G./Kleinebrink W., 2002, Rdnr. 95 und 96
[184] BAG AP Nr. 11 zu § 613a BGB, Urteilsgrund 2
[185] Commandeur G./Kleinebrink W., 2002, Rdnr. 97
[186] BAG AP Nr. 11 zu § 613a BGB, Urteilsgrund 2

Daher erfolgt auch ein Übergang von befristeten Arbeitsverhältnissen[187] und durch einen Aufhebungsvertrag beendete Arbeitsverhältnisse, wenn der Ablauf der Befristung bzw. die Beendigung wegen des Aufhebungsvertrages vom Zeitpunkt her nach dem Betriebsübergang liegt.[188]

Faktisches Arbeitsverhältnis

Schließen Arbeitgeber und Arbeitnehmer einen Arbeitsvertrag ab und beginnt der Arbeitnehmer die Tätigkeit, kann sich im Nachhinein zeigen, dass das Arbeitsverhältnis unwirksam bzw. nichtig ist.[189] Ist dies der Fall, z.B. bei einer Anfechtung nach § 142 BGB, wirkt die Nichtigkeit nicht auf den Beginn des Arbeitsverhältnisses zurück, sondern sie beendet es erst für die Zukunft. Bis die Erklärung abgegeben wird, mit der die Unwirksamkeit eintritt, unterstellt man ein sog. faktisches Arbeitsverhältnis, um die Probleme der Rückabwicklung zu umgehen.[190] Dies ist der Grund, warum ein bereits vollzogenes Arbeitsverhältnis für die Vergangenheit wie ein Arbeitsverhältnis zu behandeln ist, dass ohne Mangel geschlossen wurde. Aus zwei Gründen gehen solch faktische Arbeitsverhältnisse auf den Erwerber über. Zum einen unterscheidet § 613a BGB nicht zwischen einem fehlerfreien und fehlerhaften Arbeitsverhältnis und andererseits sind arbeitsrechtliche Schutznormen, wozu auch § 613a BGB gehört, generell auch auf faktische Arbeitsverhältnisse anzuwenden. Zeigt sich die Unwirksamkeit erst nach dem Übergang eines solchen Arbeitsverhältnisses, betrifft diese nicht die Zeit vor dem Betriebsübergang.[191]

Allerdings muss bei Arbeitnehmern eine Besonderheit berücksichtigt werden, die in letzter Zeit ihre Tätigkeit nicht mehr ausgeübt haben. Wenn ein Arbeitsvertrag besteht und der Arbeitnehmer in letzter Zeit nicht mehr gearbeitet hat, z.B. wegen Arbeitsunfähigkeit, wirkt eine erfolgreiche Anfechtung des Arbeitsvertrages durch den Arbeitgeber wegen arglistiger Täuschung des Arbeitnehmers auf das Datum zurück, ab dem der Arbeitnehmer von der Arbeitsleistung freigestellt wurde. Sollte dieser Zeitpunkt vor dem Zeitpunkt des Betriebsübergangs liegen, so hat der Erwerber, dem nun das Anfechtungsrecht obliegt, die Möglichkeit, durch eine Anfechtung den Übergang des Arbeitsverhältnisses im Nachhinein abzuwenden.[192]

Der Arbeitnehmer ist nicht schutzwürdig, denn er hat den Abschluss des Arbeitsvertrages durch arglistige Täuschung erreicht.[193]

Betriebsführungsvertrag

Bei einem Betriebsführungsvertrag überlässt der Eigentümer eines Betriebes einem Dritten, dem sog. Betriebsführer, die Führung des Unternehmens und damit auch die wirtschaftliche Leitung. Man kann hierbei zwischen einem „echten" und „unechten" Betriebsführungsvertrag unterscheiden:[194]

---

[187] Art. 2 Abs. 2 lit. b RL 2001/23/EG ABl., Nr. L 82 vom 22.03.2001 S. 16ff
[188] Commandeur G./Kleinebrink W., 2002, Rdnr. 99
[189] Commandeur G./Kleinebrink W., 2002, Rdnr. 100
[190] BAG AP 49 zu § 123 BGB, Urteilsgrund II 3 a aa
[191] Commandeur G./Kleinebrink W., 2002, Rdnr. 100
[192] Commandeur G./Kleinebrink W., 2002, Rdnr. 101
[193] BAG AP 49 zu § 123 BGB, Urteilsgrund II 3 a cc
[194] Commandeur G./Kleinebrink W., 2002, Rdnr. 102

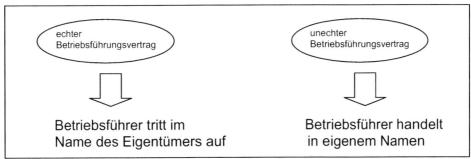

Abb. 4: Arten von Betriebsführungsverträgen[195]

Nur bei einem unechten Betriebsführungsvertrag erfolgt ein Betriebsübergang i.S.v. § 613a BGB auf den Betriebsführer; bei einem echten Betriebsführungsvertrag scheitert der Betriebsübergang, weil es zu keinem Inhaberwechsel kommt.[196] Damit ein Inhaberwechsel vollzogen wird, muss der Veräußerer u.a. seine „wirtschaftliche Betätigung" in dem Betrieb oder Betriebsteil beenden.[197]

Im Falle eines echten Betriebsführungsvertrags ist der Eigentümer weiterhin wirtschaftlich tätig und übergibt nur die wirtschaftliche Leitung; sein Stellvertreter ist der Betriebsführer. Häufig halten sich Eigentümer die Möglichkeit offen, bei bestimmten Sachverhalten einzugreifen, indem sie Weisungen erteilen und sich ihre Genehmigung vorbehalten. Der Handlungsrahmen hierfür wird vertraglich festgelegt. Bei einem unechten Betriebsführungsvertrag liegt die Rechtslage hingegen ganz anders. Der Betriebsführer wird in eigenem Namen tätig, womit der Betrieb nach § 613a BGB auf ihn übergeht. Grundlage des Rechtsgeschäfts kann z.B. ein Geschäftsbesorgungsvertrag oder ein Pachtvertrag sein. Das Nutzungsrecht, welches z.B. ein Pächter erhält, genügt, damit er den Betrieb in eigenem Namen und auf eigene Rechnung leiten kann, und hat somit einen rechtsgeschäftlichen Übergang auf einen neuen Inhaber i.S.v. § 613a Abs. 1 BGB zur Folge.[198]

5.1.2 Persönlicher Anwendungsbereich

Erfasste Personen

(1) Arbeitnehmer
Alle Personen, mit denen zum Zeitpunkt des Betriebsübergangs ein Arbeitsverhältnis besteht, also alle Arbeitnehmer, fallen unter den Anwendungsbereich von § 613a BGB. Zwischen gewerblichen Arbeitnehmern und Angestellten werden keine Unterschiede gemacht.[199] Mögliche Modifikationen in den vertraglichen Beziehungen nach dem Betriebsübergang sind ohne Relevanz. Aus diesem Grund hat es auf den Übergang eines Arbeitsverhältnisses keine Auswirkungen, wenn es nach dem Betriebsübergang zu einer Beendigung des Arbeitsverhältnisses kommt und dieser Arbeitnehmer als Geschäftsführer weiterbeschäftigt wird.[200]

---

[195] eigene Darstellung in Anlehnung an Ausführungen in Commandeur G./Kleinebrink W., 2002, Rdnr. 102
[196] Commandeur G./Kleinebrink W., 2002, Rdnr. 102
[197] BAG AP Nr. 186 zu § 613a BGB, Urteilsgrund I 1
[198] Commandeur G./Kleinebrink W., 2002, Rdnr. 102
[199] Gaul D., 1993, S. 78
[200] Commandeur G./Kleinebrink W., 2002, Rdnr. 46

Im Gesetz wird auch nicht differenziert, ob der Arbeitnehmer Vollzeit arbeitet oder nur einen Teilzeitarbeitsvertrag hat.

§ 613a BGB zählt zu den Arbeitnehmern auch leitende Angestellte, wobei es unrelevant ist, ob es sich um leitende Angestellte im betriebsverfassungsrechtlichen Sinne (siehe dazu § 4 Abs. 3 BetrVG) oder kündigungsrechtlichen Sinne (siehe dazu § 14 Abs. 2 KSchG) handelt.[201]

(2) Auszubildende, Volontäre, Praktikanten

Auch Auszubildende werden durch § 613a BGB geschützt;[202] dies ergibt sich aus § 3 Abs. 2 BBiG. Demnach müssen auf Berufsausbildungsverträge generell auch die für den Arbeitsvertrag gültigen Rechtsvorschriften angewendet werden; dazu gehört auch § 613a BGB. Für Praktikanten und Volontäre gilt dies ebenfalls.[203]

(3) Außendienstmitarbeiter und Telearbeiter

Teilt der Arbeitgeber einem Außendienstmitarbeiter einen vom Unternehmen weit entlegenen Bezirk zu, ist er dennoch als Arbeitnehmer anzusehen und somit gehen auch derartige Arbeitsverhältnisse bei einem Betriebsübergang über.[204] Entsprechendes gilt für Telearbeiter. Hierbei handelt es sich um Personen, die ihr Büro nicht im Unternehmen eingerichtet haben sondern z.B. in der eigenen Wohnung und von dort aus ihre Tätigkeit ausüben und ihre Arbeitsergebnisse mittels Datenleitungen dem Unternehmen zukommen lassen. Jedoch muss es sich um Personen handeln, die weisungsgebunden sind und – mit Ausnahme vom Arbeitsort – in das Unternehmen eingegliedert sind. Erkennen kann man dies z.B. daran, ob an Betriebsversammlungen teilgenommen wird.[205]

Nicht erfasste Personen

(1) Heimarbeiter

Auf Heimarbeitsverhältnisse kann § 613a BGB nicht angewendet werden.[206] Sogar eine unmittelbare Anwendung ist nicht möglich, denn § 613a BGB kann nur auf Arbeitnehmer angewendet werden und dazu zählen die Heimarbeiter als arbeitnehmerähnliche Personen nicht. Solch eine Einschränkung des privilegierten Personenkreises per Gesetz stellt keine Verletzung europarechtlicher Regelungen dar. Laut der Richtlinie 2001/23/EG ist es explizite Aufgabe der Mitgliedstaaten, festzulegen, welche Personen nach nationalem Recht Arbeitnehmer sind oder als solche angesehen werden. Nur denjenigen Personen, die sich auf einen Betriebsübergang nach § 613a BGB berufen können, sichert die Richtlinie zu, dass ihre Rechte, die ihnen aus dem Arbeitsvertrag oder Arbeitsverhältnis zustehen, nicht durch den Betriebsübergang beeinträchtigt werden.[207]

---

[201] Commandeur G./Kleinebrink W., 2002, Rdnr. 47 und 48
[202] Gaul D., 1993, S. 80
[203] Commandeur G./Kleinebrink W., 2002, Rdnr. 49
[204] Gaul D., 1993, S. 82
[205] Commandeur G./Kleinebrink W., 2002, Rdnr. 50
[206] Preis, Erfurter Kommentar zum Arbeitsrecht, 2008, Rdnr. 67
[207] BAG AP 178 § 613a BGB, Urteilsgrund II 2

Es ist nicht möglich, § 613a BGB auf Heimarbeiter analog anzuwenden. Insofern besteht keine zu regelnde gesetzliche Lücke.[208] Außerdem fordert der allgemeine Gleichheitssatz keine Gleichbehandlung der Heimarbeiter mit Arbeitnehmern. Das BAG hat sich extra nicht dazu geäußert, ob dies auch für den Fall gelte, dass die Funktionsfähigkeit eines Betriebsrats auf Grund eines Betriebsübergangs deswegen eingeschränkt ist, weil die Beschäftigungsverhältnisse der Heimarbeiter, die nach § 29a HAG geschützt sind, nicht übergehen.[209]

(2) ausgeschiedene Arbeitnehmer
In § 613a Abs. 1 BGB heißt es explizit, dass nur Arbeitnehmer erfasst werden, die zum Zeitpunkt des Betriebsübergangs noch in einem Arbeitsverhältnis standen.[210] Allerdings muss von der rechtlichen Seite her berücksichtigt werden, dass das Arbeitsverhältnis vom Zeitpunkt her schon vor dem Betriebsübergang beendet sein muss. Es genügt nicht, dass der Beendigungszeitpunkt des Arbeitsverhältnisses nach dem Betriebsübergang liegt, selbst wenn es schon vor dem Betriebsübergang gekündigt wurde oder ein Aufhebungsvertrag vor diesem Zeitpunkt abgeschlossen wurde. Kennzeichnend für solche Fallgestaltungen, bei denen sämtliche Rechte und Pflichten auf den Erwerber übergehen, ist, dass das Ende des Arbeitsverhältnisses schon vorhersehbar ist. Aber auch ein gekündigtes Arbeitsverhältnis, das schon vor dem Betriebsübergang beendet wurde, kann für den Erwerber noch eine Gefahr darstellen, wenn noch ein Kündigungsschutzprozess folgt bzw. noch folgen könnte. Gewinnt der gekündigte Arbeitnehmer den Prozess, geht nämlich auch sein Arbeitsverhältnis auf den Erwerber über. Das gleiche gilt bei Arbeitsverhältnissen, die nach dem TzBfG oder anderen besonderen Regelungen befristet wurden und nach § 23 TzBfG durch das TzBfG nicht tangiert werden.[211]

Von § 613a BGB werden demzufolge keine Arbeitnehmer umfasst, die zum Zeitpunkt des Betriebsübergangs schon unwiderruflich ausgeschieden sind. Dies gilt auch bei Arbeitnehmern, die bereits im Ruhestand sind und Ruhegeld erhalten.[212] Es spielt keine Rolle, inwiefern das Ruhegeld – auch – angespartes Arbeitsentgelt ist. Wegen dem eindeutigen Wortlaut der Vorschrift fehlt es an einer „planwidrigen Regelungslücke".[213]

(3) Bewerber
Bewerber können nicht mit Personen gleichgestellt werden, die mit dem Veräußerer einen Arbeitsvertrag unterzeichnet haben,[214] selbst wenn der Zeitpunkt des tatsächlichen Arbeitsbeginns laut Vertrag nach dem Zeitpunkt des Betriebsübergangs liegt. Auf den Erwerber gehen die Bewerber nicht über. Plant der Veräußerer, das Bewerbungsverfahren (häufig in Rücksprache mit dem Erwerber) einzustellen, muss er beachten, dass er die Bewerber nach Abbruch des Einstellungsverfahrens so bald wie möglich informieren muss, damit ihm nicht Schadensersatzansprüche aus aus culpa in contrahendo[215] (= Verschulden bei Vertragsverhandlung; vor dem Vertragsabschluss ging etwas schief,[216]

---

[208] BAG AP 178 § 613a BGB Urteilsgrund III 3
[209] Commandeur G./Kleinebrink W., 2002, Rdnr. 53
[210] Gaul D., 1993, S. 91
[211] Commandeur G./Kleinebrink W., 2002, Rdnr. 54
[212] BAG AP Nr. 61 zu § 613a BGB, Urteilsgrund I 2
[213] Preis, Erfurter Kommentar zum Arbeitsrecht, 2008, Rdnr 69
[214] Gaul D., 1993, S. 98
[215] Commandeur G./Kleinebrink W., 2002, Rdnr. 61
[216] www.juracafe.de/cms/front_content.php?idart=199

Ansprüche aus dem Vertrag können aber nicht geltend gemacht werden da kein Vertrag abgeschlossen wurde und auch gesetzliche Ersatzansprüche keinen Erfolg versprechen)[217] nach §§ 280, 311 Abs. 2 BGB drohen.[218]

Hat der Veräußerer das Bewerbungsverfahren noch nicht abgeschlossen und hat der Erwerber den Wunsch, das Verfahren fortzusetzen, weil er selber auch diesen Personalbedarf hat, hat der Veräußerer den Bewerbern (aus Beweissicherungsgründen am Besten schriftlich) schnellstmöglich mitzuteilen, dass ein Betriebsübergang bevorsteht und bei Interesse innerhalb eines bestimmten Zeitraums dem Erwerber Mitteilung zu machen ist, wenn die Bewerbung auch gegenüber diesem Bestand haben soll.[219]

(4) Organmitglieder

Bei Dienstverhältnissen von Organmitgliedern einer juristischen Person, z.B. Geschäftsführern einer GmbH oder Vorstandsmitgliedern einer AG handelt es sich um keine Arbeitsverhältnisse; daher werden diese von § 613a BGB nicht erfasst.[220]

Hat eine Person bei einem Arbeitgeber sowohl ein Dienstverhältnis als Organmitglied als auch ein ruhendes Anstellungsverhältnis, besteht nur das Anstellungsverhältnis beim Veräußerer fort.[221]

(5) Leiharbeitnehmer

Wenn ein Arbeitnehmer als Leiharbeitnehmer beschäftigt wird, damit er von seinem Arbeitgeber (= Verleiher) gewerbsmäßig an Dritte (= Entleiher) verliehen werden kann (unechte Arbeitnehmerüberlassung), hat ein Betriebsübergang beim Entleiher keine Bedeutung für das Arbeitsverhältnis des Leiharbeitnehmers,[222] denn arbeitsvertragliche Beziehungen bestehen nur zwischen dem Leiharbeitnehmer und seinem Verleiher.[223] Etwas anderes ergibt sich aber, wenn nach § 10 AÜG ein fingiertes Arbeitsverhältnis zwischen dem Leiharbeitnehmer und dem Entleiher existiert, weil dem Verleiher z.B. die nach § 1 AÜG notwendige Erlaubnis für eine gewerbsmäßige Arbeitnehmerüberlassung fehlt und deswegen der Vertrag zwischen ihm und dem Leiharbeitnehmer nach § 9 Abs. 1 Nr. 1 AÜG nicht wirksam ist. Im Falle eines Betriebsübergangs geht solch ein fingiertes Arbeitsverhältnis vom Entleiher als Veräußerer auf den Erwerber über.[224] Besteht zwischen dem Verleiher und seinem Leiharbeitnehmer ein gültiges (Leih)Arbeitsverhältnis, geht für den Fall, dass der Betrieb oder Betriebsteil des Verleihers nach § 613a BGB von einem Dritten erworben wird, auch dessen Arbeitsverhältnis auf den Dritten über.

Allerdings behält der Verleiher als Veräußerer seine Verleiherlaubnis, denn weil diese kein Bestandteil des Arbeitsvertrages ist, geht sie auch nicht auf den Erwerber über. Damit der Erwerber in der gewerblichen Arbeitnehmerüberlassung tätig werden darf, muss er selbst über eine solche Erlaubnis verfügen.[225]

---

[217] www.juracafe.de/cms/front_content.php?idart=199
[218] Commandeur G./Kleinebrink W., 2002, Rdnr. 61
[219] Commandeur G./Kleinebrink W., 2002, Rdnr. 62
[220] Gaul D., 1993, S. 91
[221] BAG AP Nr. 24 zu § 611 BGB, zu den Gründen B II 1 a bb
[222] Commandeur G./Kleinebrink W., 2002, Rdnr. 65
[223] Gaul D., 1993, S. 87
[224] Commandeur G./Kleinebrink W., 2002, Rdnr. 65
[225] Commandeur G./Kleinebrink W., 2002, Rdnr. 66

(6) Handelsvertreter

Da es sich bei Handelsvertretern um selbstständige Unternehmer handelt, existiert zwischen ihnen und dem Veräußerer auch kein Arbeitsverhältnis. Demzufolge ändern sich bei einem Betriebsübergang auch nicht ihre vertraglichen Beziehungen. Ist für den Veräußerer die Tätigkeit des Handelsvertreters nach dem Betriebsübergang nicht mehr erforderlich und spricht er deswegen eine Kündigung aus, hat der Handelsvertreter gegen ihn generell einen Ausgleichsanspruch nach § 89b HGB.[226]

(7) Freie Mitarbeiter

Freie Mitarbeiter, die für einen Betrieb oder Betriebsteil tätig sind, der auf einen Dritten übergeht,[227] fallen nicht unter den Anwendungsbereich des § 613a BGB, denn sie stehen in keinem Arbeitsverhältnis,[228] sondern sind beim Veräußerer vielmehr als Selbstständige in einem Dienst- oder Werkvertragsverhältnis angestellt.

Der Erwerber sollte sich daher im Zusammenhang mit dem Betriebsübergang vergewissern, inwiefern es sich bei den Personen, die der Veräußerer als Selbstständige, also freie Mitarbeiter, führt, möglicherweise um Scheinselbstständige, also Arbeitnehmer, handelt, weil sie weisungsabhängig und in die betriebliche Organisation eingegliedert sind. In so einem Fall würden nicht nur diese Personen auf den Erwerber übergehen, weil sie geltend machen, Arbeitnehmer zu sein, sondern der Erwerber sieht sich auch der Gefahr ausgesetzt, dass er größere Summen an Sozialversicherungsbeiträgen nachzahlen muss, sofern ein sozialversicherungspflichtiges Beschäftigungsverhältnis vorliegt, das auf ihn übergegangen ist.[229]

5.1.3 Räumlicher Anwendungsbereich

Von Betriebsübergängen sind nicht nur deutsche Arbeitnehmer betroffen, sondern auch Arbeitnehmer, die eine andere Staatsangehörigkeit besitzen. Außerdem endet ein Betriebsübergang nicht an den deutschen Staatsgrenzen. Diese werden immer häufiger überschritten, was an den grenzüberschreitenden Zusammenschlüssen von Unternehmen liegt. Sind ausländische Unternehmen an Betriebsübergängen im Inland mit involviert, haben sie aus Einfachheitsgründen ein Interesse daran, sämtliche Arbeitsverträge einem einzigen Recht zu unterstellen, soweit dies rechtlich möglich ist. Daher ist es bei einem Betriebsübergang ratsam, sich vorher immer zu vergewissern, ob auf ein Arbeitsverhältnis grundsätzlich deutsches Recht im Allgemeinen und § 613a BGB im Besonderen angewendet werden kann.[230]

---

[226] Commandeur G./Kleinebrink W., 2002, Rdnr. 67
[227] Commandeur G./Kleinebrink W., 2002, Rdnr. 68
[228] Küttner W., 2008, S. 1233
[229] Commandeur G./Kleinebrink W., 2002, Rdnr. 68 und 69
[230] Commandeur G./Kleinebrink W., 2002, Rdnr. 103

Betriebsübergang im Inland

Generell können die Parteien des Arbeitsvertrages nach Art. 27 Abs. 1 S. 1 EGBGB selbst bestimmen, welches nationale Recht für ihre privatrechtlichen Beziehungen Geltung haben soll. Einigen sich die Parteien auf kein Recht, das auf Arbeitsverträge und Arbeitsverhältnisse angewendet werden soll, gilt nach Art. 30 Abs. 2 Nr. 1 EGBGB immer deutsches Recht und somit auch § 613a BGB, sofern der Arbeitnehmer seine Arbeit im Normalfall in Deutschland erbringt, außer der Arbeitsvertrag „weist eine engere Verbindung zu einem anderer Staat auf". Welche Nationalität der Arbeitnehmer besitzt, ist irrelevant.

Wählen die Parteien für ihr Arbeitsverhältnis eine andere Rechtsordnung, darf dies nicht zur Folge haben, dass der Arbeitnehmer den Schutz verliert, den er durch zwingende Bestimmungen des Rechts hätte, dass nach Art. 30 Abs. 2 EGBGB ohne eine solche Rechtswahl gelten würde. Müsste ohne solch eine Rechtswahl deutsches Recht Anwendung finden, ist es unzulässig, den Arbeitnehmer durch das nun geltende Recht stärker zu benachteiligen als es § 613a BGB zulassen würde. Zwingende Regelungen im Sinne des Art. 30 Abs. 2 EGBGB kann man nicht umgehen. Nach Art. 27 Abs. 3 EGBGB bedeutet zwingende Regelung, dass man davon Kraft Gesetz nicht abweichen kann; darunter fällt auch § 613a BGB. Wäre eine derartige Rechtswahl nicht möglich und würde zugleich deutsches Recht nach Art. 30 Abs. 2 EGBGB nicht angewendet werden können, weil z.B. durch die Gesamtumstände erkennbar ist, dass der Arbeitsvertrag oder das Arbeitsverhältnis im Sinne von Art. 30 Abs. 2 Nr. 1 EGBGB zu einem anderen Staat, also nicht Deutschland, als Arbeitsort „eine engere Verbindung aufweist", findet § 613a BGB über Art. 34 EGBGB keine Anwendung auf Arbeitsverhältnisse. Zu den sog. Eingriffsnormen (das sind Bestimmungen, die den Sachverhalt ohne Rücksicht auf das auf den Vertrag anzuwendende Recht regeln) des deutschen Rechts im Sinne von Art. 34 EGBGB zählen nur Vorschriften, die nicht nur im „Individualinteresse" sondern auch im „Interesse des Gemeinwohls" ergangen sind. Dazu zählt § 613a BGB nicht. In dieser Norm steht das Individualinteresse des Arbeitnehmers im Fokus, bei einem Betriebsübergang seinen Arbeitsplatz zu behalten.[231]

Betriebsübergang im Ausland

Steht im Ausland ein Betriebsübergang bevor, so findet § 613a BGB generell keine Anwendung, sondern das in diesem Staat geltende Recht. Wurde zwischen den Parteien des Arbeitsvertrags vereinbart, dass deutsches Arbeitsrecht gelten soll, muss nach dem Internationalen Privatrecht des jeweiligen Landes geprüft werden, inwiefern dies rechtmäßig ist.

grenzüberschreitender Betriebsübergang

Bei der Frage, welches Recht bei einem Weggang eines Betriebs oder Betriebsteils aus Deutschland anwendbar ist, herrscht Uneinigkeit. Generell ist § 613a BGB anwendbar, wenn ein Betrieb von Deutschland ins Ausland verlegt werden soll, außer deutsches Recht kann nach Art. 30 Abs. 2 EGBGB im Ausnahmefall nicht auf das Arbeitsverhältnis angewendet werden oder beide Seiten haben sich im Arbeitsvertrag auf eine andere Rechtsordnung geeinigt, durch die der Arbeitnehmer besser dasteht als durch § 613a BGB.[232]

---

[231] Commandeur G./Kleinebrink W., 2002, Rdnr. 104 bis 106
[232] Gaul D., 1993, S. 107 bis 109

In allen anderen Fällen gilt § 613a BGB auch über die deutschen Grenzen hinaus. Die Praxis zeigt allerdings, dass es in solchen grenzüberschreitenden Fällen nie zu einem Übergang von Arbeitsverhältnissen auf den neuen Inhaber kommt, denn die Arbeitnehmer sind nicht gewillt, ihr Arbeitsverhältnis im Ausland fortzuführen.[233]

Bei einer Verlagerung eines Betriebs oder Betriebsteils vom Ausland nach Deutschland, ist ausländisches Recht heranzuziehen[234] und generell nie § 613a BGB. Wenn sich die Vertragsparteien darauf geeinigt haben, dass deutsches Recht angewendet werden soll, wird die jeweilige ausländische Rechtsordnung nur dann verdrängt, wenn überhaupt zulässig ist, dass deutsches Recht vereinbart werden darf und der Arbeitnehmer ferner durch § 613a BGB nicht stärker benachteiligt wird als nach dort geltendem Recht.[235]

5.2 Tatbestandsvoraussetzungen

5.2.1 Übergang eines Betriebs oder Betriebsteils

Im § 613a BGB werden die Begriffe Betrieb und Betriebsteil gebraucht. Dies lässt vermuten, dass der Betriebsbegriff des § 613a BGB identisch ist mit dem allgemeinen arbeits- bzw. betriebsverfassungsrechtlichen Betriebsbegriff. Demnach ist der Betrieb eine organisatorische Einheit, in der mit Hilfe persönlicher, sächlicher und immaterieller Mittel von einem Unternehmen bestimmte arbeitstechnische Zwecke über einen längeren Zeitraum verfolgt werden. Daraus wurde für § 613a BGB abgeleitet, dass die sächlichen und immateriellen Betriebsmittel ausschlaggebend sind. Diese müssen die wirtschaftliche Grundlage bilden, mit der der Unternehmer die Erlöse und insbesondere die Löhne erzielt. Man wollte allerdings nicht, dass die Arbeitnehmer selbst dem Betrieb angehören. [236]

Durch den Einfluss der Rechtssprechung des EuGH wurde diese Auffassung zugunsten des Bestandsschutzes geändert.[237] Da der EuGH die wirtschaftliche Einheit in den Fokus stellt, definiert er auch nicht die Begriffe „Betrieb oder Betriebsteil". Das BAG folgt dem seit 1997 in ständiger Rechtssprechung. Der teleologisch gebildete Kernbegriff „wirtschaftliche Einheit" basiert auf Art. 1 Abs. 1 lit. a der Richtlinie 2001/23/EG, welcher sich auf den Übergang von „Unternehmen, Betrieben, Unternehmens- bzw. Betriebsteilen" bezieht.[238] Unter Übergang versteht die Richtlinie nach Art. 1 Abs. 1b den „Übergang einer ihre Identität bewahrenden wirtschaftlichen Einheit im Sinne einer organisierten Zusammenfassung von Ressourcen zur Verfolgung einer wirtschaftlichen Haupt- oder Nebentätigkeit". Somit ist es unerheblich, zwischen arbeitstechnischem Zweck und unternehmerischer Zielsetzung bzw. betriebsorganisatorischer und wirtschaftlicher Einheit zu differenzieren. Ausschlaggebend ist vielmehr, dass es bei der (Teil-) Übertragung einer Einheit möglich ist, die in dieser abgrenzbaren Einheit zu erledigende Tätigkeit ohne Änderung in der Hauptsache weiterführen zu können.[239]

---

[233] Commandeur G./Kleinebrink W., 2002, Rdnr. 109
[234] Gaul D., 1993, S. 109
[235] Commandeur G./Kleinebrink W., 2002, Rdnr. 110
[236] Müller-Glöge, Münchener Kommentar zum BGB, Rdnr. 14
[237] Müller-Glöge, Münchener Kommentar zum BGB, Rdnr. 15
[238] Preis, Erfurter Kommentar zum Arbeitsrecht, 2008, Rdnr 6
[239] Müller-Glöge, Münchener Kommentar zum BGB, Rdnr. 15

Voraussetzung für eine wirtschaftliche Einheit ist eine funktionsfähige arbeitstechnische Organisationseinheit.[240] Dazu zählen auch die Arbeitnehmer als „Repräsentanten" ihrer Fähigkeiten, Erfahrungen und Leistungen. Diese sind je nach der Art des Unternehmens verschieden stark ausgeprägt und stellen mit den anderen Betriebsmitteln die wertschöpfende Einheit dar. Da diese bei einem privaten Haushalt nicht vorhanden ist, ist er im Sinne von § 613a BGB nach wie vor kein Betrieb. Eine Gewinnerzielungsabsicht ist jedoch nicht erforderlich, daher fällt auch die „Verfolgung öffentlicher Ziele im Bereich der Daseinsvorsorge" darunter.

Durch die heutige Ansicht ist der Begriff der wirtschaftlichen Einheit in den Focus getreten, wodurch die Unterscheidung zwischen den Begriffen Betriebsteil und Betrieb an Bedeutung verliert. Das jede abgrenzbare wirtschaftliche Einheit ihre Identität wahren muss, folgt insbesondere aus der „tatsächlichen Weiterführung oder Wiederaufnahme der Geschäftätigkeit". Entscheidend und neu ist, dass besonders in betriebsmittelarmen Unternehmen sogar die Beschäftigten als organisatorische wirtschaftliche Einheit angesehen werden können.

An den Übergang eines Betriebsteils sind dieselben Ansprüche zu stellen wie an den Übergang eines Betriebes. Daher ist die Frage, inwiefern der Erwerb eines einzigen Betriebsmittels einen Betriebsübergang zur Folge haben kann, bedeutungslos geworden.[241] Wenn der Erwerber nur Betriebsmittel zur „Ausführung seiner bereits ausgeübten Tätigkeit" erwirbt, übernimmt er damit noch keinen Betriebsteil.[242] Für einen Betriebsteil ist vielmehr eine entsprechende Teilorganisation des Betriebs Voraussetzung.

Innerhalb des betrieblichen Gesamtzwecks muss diese abtrennbare organisatorische Einheit einen Teilzweck erfüllen.[243]

Ein „Hilfszweck" genügt. Es muss im Betriebsteil keinem anderen Ziel als im restlichen Betrieb nachgegangen werden. Jedoch muss der Betriebsteil schon beim Veräußerer eine eigene Teilidentität besessen haben. Belanglos ist dafür, welche Bedeutung die übertragene wirtschaftliche Einheit für das übertragende Unternehmen hatte. Ein Betriebsteil ist letztendlich mehr als ein organisierter Tätigkeitsbereich.

Wird von einem Betrieb nur ein Betriebsteil übernommen, dann gehen lediglich die Arbeitnehmer dieses übergehenden Betriebsteils über, nicht aber die Beschäftigten der anderen Betriebsteile. Genauso wenig gehen Arbeitnehmer von Stabsstellen oder schon stillgelegten Betriebsteilen über. Ein Betriebsübergang liegt dann vor, wenn die Identität des Betriebsteils beim Erwerber gewahrt wird und nicht, wenn die frühere Identität des Gesamtbetriebs untergeht. Daher kann der Übergang eines oder mehrerer Betriebsteile zur Folge haben, dass ein Restbetrieb übrig bleibt der nicht fortbestehen kann. Es führt zu Missverständnissen, wenn die Rechtssprechung bislang auf die „teilbetriebliche Organisation des Restbetriebs" abstellt, denn ausschlaggebend ist nur der übernommene Teil. Wenn der zu übertragende Betriebsteil für den bisherigen Gesamtbetrieb identitätsbestimmend war und daneben organisatorisch unselbstständige Randbereiche existieren, hat die Übernahme eines solchen „Betriebsteils" die Übernahme des gesamten Betriebs zur Folge. § 613a BGB ist nicht geeignet, um einzelne Arbeitsplätze abzubauen.[244]

---

[240] Preis, Erfurter Kommentar zum Arbeitsrecht, 2008, Rdnr 6
[241] Müller-Glöge, Münchener Kommentar zum BGB, Rdnr. 16 und 17
[242] Preis, Erfurter Kommentar zum Arbeitsrecht, § 2008, Rdnr 8
[243] Preis, Erfurter Kommentar zum Arbeitsrecht, 2008, Rdnr 7
[244] Müller-Glöge, Münchener Kommentar zum BGB, Rdnr. 18 und 19

5.2.2 Übergang durch Rechtsgeschäft

Der Übergang des Betriebs oder Betriebsteils muss gemäß § 613a BGB auf einem Rechtsgeschäft basieren.[245] Somit kann die Norm nicht angewendet werden, wenn der Betriebsübergang kraft Gesetz oder durch einen sonstigen Hoheitsakt bewirkt wird.[246]

Der EuGH hat durch seine Richtlinie 77/187/EWG der nationalen Rechtssprechung aufgegeben, die Anforderungen an das Merkmal „Rechtsgeschäft" herabzusetzen, um Umgehungstatbestände zu vermeiden. Somit ist ein Wechsel der wirtschaftlichen Einheit im Rahmen vertraglicher Beziehungen ausreichend. Durch das Rechtsgeschäft muss der Erwerber in der Lage sein, den Betrieb weiterzuführen. Eine Eigentumsübertragung ist nicht erforderlich. In Betracht kommen:[247]

- Kaufvertrag
- Pachtvertrag
- Mietvertrag
- Schenkung
- Nießbrauch
- Vermächtnis
- Gesellschaftsvertrag[248]

Das Rechtsgeschäft muss nicht die Übernahme der Arbeitsverhältnisse betreffen.[249] Ob das Rechtsgeschäft rechtswirksam ist, ist für den Betriebsübergang unerheblich.[250] Das BAG ging schon davon aus, als das Gericht verlangte, dass die Möglichkeit der Fortführung des Betriebs und nicht dessen tatsächliche Aufrechterhaltung gegeben sein muss. Der Schutzzweck des § 613a BGB ist bereits bei einer willentlich getragenen Übernahme der Organisations- und Leitungsmacht erfüllt.[251] Daher ist ein Formmangel für den Betriebsübergang irrelevant.[252] Der Schutzzweck der Norm, aufgrund derer das Rechtsgeschäft nicht wirksam ist, kann allerdings vorrangig sein zu § 613a BGB. Zu unterstellen ist dies für Regelungen zum Schutze Geschäftsunfähiger. Eine tatsächliche Betriebsfortführung ist somit unzureichend, wenn ein Geschäftsunfähiger oder ein beschränkt Geschäftsfähiger ohne Zustimmung des gesetzlichen Vertreters als Betriebserwerber handelt. Eine verbotene Eigenmacht an materiellen Betriebsmitteln hat keinen Betriebsübergang zur Folge.[253]

---

[245] Wollenschläger M., 1999, Rdnr. 175
[246] Müller-Glöge, Münchener Kommentar zum BGB, Rdnr. 62
[247] Müller-Glöge, Münchener Kommentar zum BGB, Rdnr. 64
[248] Bernsau G./Dreher D./ Hauck F., 2008, Rdnr. 101
[249] Küttner W., 2008, S. 878
[250] Bernsau G./Dreher D./ Hauck F., 2008, Rdnr. 103
[251] Müller-Glöge, Münchener Kommentar zum BGB, Rdnr. 67
[252] Bernsau G./Dreher D./ Hauck F., 2008, Rdnr. 103
[253] Müller-Glöge, Münchener Kommentar zum BGB, Rdnr. 67

5.2.3 Übergang auf einen neuen Inhaber

Arbeitgeber, also Betriebsinhaber, kann jede rechtsfähige Person sein. Beim Betriebsübergang wechselt der Inhaber, also die für den Betrieb verantwortliche Person.

Verantwortliche Person ist, wer den Betrieb im eigenen Namen (aber nicht unbedingt auf eigene Rechnung) führt. Wenn der Arbeitgeber nicht wechselt, handelt es sich um keinen Betriebsübergang. Deshalb führt eine bloße Sicherungsübereignung von allen oder wesentlichen Betriebsmitteln nicht zu einem Inhaberwechsel. Wenn ein Pächter den Betrieb in eigenem Namen führt, ist er Betriebsinhaber. Auch bei einem Treuhandverhältnis kommt es auf die Betriebsführung im eigenen Namen an. Testamentsvollstrecker sowie Insolvenz- und Zwangsverwalter sind selbst keine Betriebsinhaber. Jedoch kann es zwischen zwei Gesellschaften des gleichen Konzerns zu einem Inhaberwechsel kommen. Allerdings ändert sich die Identität der Gesellschaft bei einem Gesellschafterwechsel nicht.[254] Selbst wenn alle Gesellschafter ausgewechselt werden, handelt es sich um keinen Betriebsübergang.[255]

Wechselt der Betriebsinhaber seine Rechtsform, beeinflusst dies nicht seine Identität als Arbeitgeber. Somit liegt bei der formwechselnden Umwandlung nach §§ 190 ff. UmwG kein Betriebsübergang vor.

Auch bei Spaltungen ist die Identität des Rechtssubjekts als Rechtsträger des jeweiligen Betriebs oder Betriebsteils ausschlaggebend. Wenn ein einheitliches Unternehmen in eine fortbestehende Besitzgesellschaft und in eine neu zu gründende Betriebsgesellschaft aufgespalten wird, kommt es nur unter der Voraussetzung zu einem Betriebsübergang, dass der Betrieb von der Betriebsgesellschaft weitergeführt wird.[256]

5.2.4 Zeitpunkt des Übergangs

Das der Übergang der Arbeitsverträge und Arbeitsverhältnisse zum Zeitpunkt des Übergangs des Betriebs erfolgt, ist zwingend. Daher kann dieser vom Veräußerer oder vom Erwerber nicht nach Belieben auf einen späteren Zeitpunkt verschoben werden. Für die Frage, zu welchem Zeitpunkt der Betrieb übergegangen ist, ist entscheidend wann der Betriebserwerber anlässlich eines Rechtsgeschäfts berechtigt wurde, die Leitungsmacht im Betrieb mit dem Zweck auszuüben, den Betrieb weiterzuführen.[257]

Dies kann in Einzelfällen zu Schwierigkeiten führen, z.B. bei einer Betriebsaufspaltung, da dann die gleichen Personen wie zuvor Leitungsaufgaben wahrnehmen. In derartigen Fällen sollte deswegen klar gemacht werden, dass man ab einem gewissen Zeitpunkt für den neuen Arbeitgeber handelt. Entscheidend ist daher, ab welchem Zeitpunkt der Erwerber des Betriebs oder Betriebsteils hinsichtlich der Belegschaft die „arbeitsrechtliche Befugnis ausübt".[258]

---

[254] Müller-Glöge, Münchener Kommentar zum BGB, Rdnr. 55
[255] Bachner M./Gerhardt P., 2008, S. 35
[256] Müller-Glöge, Münchener Kommentar zum BGB, Rdnr. 55
[257] NJW, 1998, Heft 25, S. 1818
[258] Nicolai A., 2006, S. 15

5.3 Rechtsfolgen des Betriebsübergangs

Als Folge eines Betriebsübergangs tritt der Erwerber eines Betriebes oder Betriebsteils in die Rechte und Pflichten des bisherigen Arbeitgebers ein.[259] Dazu zählen auch die Arbeitsbedingungen, die durch den Arbeitsvertrag selbst, durch im Arbeitsvertrag erwähnte Tarifwerke oder durch kirchliche Arbeitsvertragsregelungen festgelegt wurden.[260]

Im Zeitpunkt des Übergangs wird der Erwerber also der neue Arbeitgeber. Hierfür ist weder ein zusätzlicher Rechtsakt noch eine darauf gerichtete Vereinbarung mit den übergehenden Arbeitnehmern erforderlich. Somit stehen ihm jegliche Rechte und Pflichten des bisherigen Arbeitgebers zu.

Dies bewirkt, dass dem Übernehmer sowohl „alle einseitigen Rechte zustehen", also das Weisungs- oder Direktionsrecht, als auch alle sonstigen sog. Gestaltungsrechte, wie z.B. das Kündigungsrecht. Für vertraglich festgelegte einseitige Rechte des Arbeitgebers, also z.B. das Recht zum Widerruf bestimmter Entgeltbestandteile oder zur Zuweisung einer anderen Tätigkeit oder zu einer Versetzung trifft dasselbe zu. Auch diese Rechte gehen auf den Erwerber über und können von ihm wahrgenommen werden.[261]

5.3.1 Übergang der einzelvertraglichen Rechte und Pflichten auf den neuen Inhaber

Da der Inhalt der Arbeitsverträge durch den Betriebsübergang an sich nicht geändert wird, gelten demzufolge alle einzelvertraglichen Regelungen zwischen dem Arbeitnehmer und dem Veräußerer auch für den Erwerber. Ebenso muss sich der Erwerber des Betriebs an alle Rechte und Pflichten halten, die sich aus gesetzlichen Regelungen ergeben. Unverändert bleiben damit insbesondere:

- Vereinbarungen, die die Dauer, Lage und Verteilung der Arbeitszeit (einschließlich Gleitzeit und Arbeitszeitkonten) regeln, sofern dies weder durch Tarifverträge oder Betriebsvereinbarungen geschieht.
- Vereinbarungen über Höhe und Zusammensetzung des Arbeitsentgelts. Darunter fallen alle in Geld zu zahlenden Entgeltbestandteile. Unbedeutend ist, ob sie zum laufenden monatlichen Entgelt gehören oder als Einmalzahlung einzustufen sind.
- Ebenso geht die Verpflichtung zur Gewährung sog. Sachleistungen, wie z.B. Job-Tickets, Essensgutscheine u.a. über. Zu Schwierigkeiten kann es hierbei kommen, wenn der frühere Arbeitgeber seinen Mitarbeitern Güter oder Dienstleistungen kostenfrei oder verbilligt zukommen hat lassen, die nur er, nicht aber der Übernehmer produziert oder anbietet, wie z.B. Deputate, Rabatte bei KFZ oder Konten. Wenn der Übernehmer diese Verpflichtungen nicht erfüllen kann oder will, entfällt die Pflicht zur Gewährung dieser Leistungen. Möglicherweise ist er aber zur Leistung von Geldersatz verpflichtet. Die Rechtslage ist jedoch höchstrichterlich noch nicht geklärt. Sofern Dienstwagenvereinbarungen mit dem Recht zur privaten Nutzung bestehen, gehen auch diese auf den neuen Inhaber über.[262]

---

[259] Braun S., 2007, S. 25
[260] Müller-Glöge, Münchener Kommentar zum BGB, Rdnr. 89
[261] Nicolai A., 2006, Rdnr. 64 und 65
[262] Nicolai A., 2006, Rdnr. 66 und 67

5.3.2 Fortgeltung von Betriebsvereinbarungen

§ 613a Abs.1 S. 2 BGB bewirkt, dass die Betriebsvereinbarungen des übergehenden Betriebs in das Arbeitsverhältnis transformiert werden. Demzufolge bestehen sie als Individualrecht weiter.[263] Zweckmäßig ist dies immer dann, wenn die Betriebsidentität des übergehenden Betriebs „zerschlagen" wird und eine kollektivrechtliche Fortgeltung der Betriebsvereinbarung einfach undenkbar ist. Wird die Betriebsidentität aufrechterhalten, verliert die Regelung aber ihre Bedeutung, weil die kollektivrechtliche Regelung dann ohnehin weiterbestehen könnte. Die Identität des Betriebs ist zwingende Voraussetzung, damit die Betriebsvereinbarungen weitergelten. Bleibt diese bestehen, entfällt damit eine Transformation der Betriebsvereinbarungen auf die individualrechtliche Ebene.

Somit ist § 613a Abs. 1 S. 2 BGB ein Auffangtatbestand, durch den Lücken im Betriebsverfassungs- und Tarifrecht geschlossen werden sollen. Durch die Vorschrift soll eine weitere Sicherung geschaffen, aber keine vorhandenen betriebsverfassungsrechtlichen Bindungen aufgeweicht werden. Es wird zum Teil davon ausgegangen, dass ebenso eine Gesamtbetriebsvereinbarung weitergelten könne, wenn die Betriebsidentität aufrechterhalten wird und im aufnehmenden Betrieb keine vergleichbare kollektivrechtliche Regelung existiert. Hierbei wird allerdings vernachlässigt, dass Betriebsvereinbarungen und Gesamtbetriebsvereinbarungen nur sehr begrenzt gleichgestellt werden können. Eine Betriebsvereinbarung betrifft einen bestimmten –übergehenden- Betrieb, wohingegen die Gesamtbetriebsvereinbarung für die Betriebe des Unternehmens Geltung hat. Allerdings wird der übergehende Betrieb aus diesem Unternehmen herausgenommen und zählt somit nicht mehr zum dem Anwendungsbereich der Gesamtbetriebsvereinbarung. Kommt es wegen dem Untergang der Betriebsidentität zu einer Transformation, muss die einjährige Änderungssperre des § 613a Abs. 1 S. 2 BGB beachtet werden[264]. Dies bedeutet, dass es erst ein Jahr nach dem Zeitpunkt des Übergangs zulässig ist, das transformierte Recht für den Arbeitnehmer nachteilig zu ändern. Ist die Jahresfrist abgelaufen, kann das transformierte Kollektivrecht geändert werden.[265] Hiefür können die gewöhnlichen individualarbeitsrechtlichen Gestaltungsmittel wie z.B. einvernehmliche Änderung und Änderungskündigung unter Berücksichtigung der kündigungsrechtlichen Voraussetzungen angewendet werden.[266] Ist die einjährige Änderungssperre noch nicht abgelaufen, kann das transformierte Recht nach § 613a Abs. 1 S. 3 oder S. 4 BGB nur dann geändert werden,[267] wenn der neue Inhaber durch eine Betriebsvereinbarung die Rechte und Pflichten regelt, die auch die transformierten Rechte mit beinhaltet.

§ 613a Abs. 1 S. 3 BGB hat nicht nur dann Geltung, wenn die kollektivrechtliche Bestimmung schon im Zeitpunkt des Übergangs existiert, sondern greift vor allem auch dann, wenn die Arbeitsverhältnisse übergegangen sind und die Betriebsvereinbarung erst dann abgeschlossen wird. Dies ergibt sich aus dem Sinn und Zweck des § 613a Abs. 1 S. 3 BGB.[268]

---

[263] Braun S., 2007, S. 26 und 27
[264] NJW, 1998, Heft 25, S. 1820
[265] www2.igmetall.de/homepages/recklinghausen/file_uploads/7399.pdf, S. 3
[266] NJW, 1998, Heft 25, S. 1820
[267] Braun S., 2007, S. 27
[268] NJW, 1998, Heft 25, S. 1820

Ziel der Vorschrift ist es, zu gewährleisten, dass die kollektivrechtlichen Verpflichtungen den individualarbeitsrechtlichen Verpflichtungen vorgehen, welche in § 613a Abs. 1 S. 2 BGB aufgeführt werden. Es muss dem Arbeitgeber möglich sein, die Arbeitsbedingungen an die in seinem Unternehmen vorhandenen Bedingungen anzugleichen.

Durch die einjährige Veränderungssperre wird nur eine individualrechtliche Verschlechterung der Arbeitsbedingungen untersagt, aber keine nachfolgende Änderung mittels einer gleichgestellten kollektivrechtlichen Regelung. Auch bei einem Betriebsübergang muss es möglich sein, die bisherigen kollektivrechtlichen Arbeitnehmerrechte durch eine spätere Kollektivvereinbarung zu verändern. Denn sonst würde es passieren, dass die Arbeitnehmer, die von einem Betriebsinhaberwechsel betroffen sind, gegenüber jenen Arbeitnehmern begünstigt wären, deren Arbeitsverhältnis ohne Abänderung zum gleichen Arbeitgeber fortbesteht.[269]

Wenn die transformierte Betriebsvereinbarung schon vor Ablauf der einjährigen Änderungssperre ihre Gültigkeit verliert, endet mit diesem Zeitpunkt auch die Änderungssperre, denn die Dauer der Veränderungssperre ist begrenzt auf die Dauer der Betriebsvereinbarung.[270] Hat die kollektivrechtliche Regelung im Veräußerungsbetrieb keine ausschlaggebende Wirkung mehr, fallen die Rechte und Pflichten, die infolge des Betriebsübergangs in das Individualrecht transformiert wurden, nicht mehr unter den Schutz der einjährigen Änderungssperre, da dies ansonsten eine – nicht beabsichtigte – Begünstigung der Arbeitnehmer wegen des Betriebsübergangs zur Folge hätte.

Betriebsvereinbarungen bestehen nach § 613a Abs. 1 S. 2 BGB nur dann individualrechtlich weiterhin fort, wenn sie bereits zum Zeitpunkt des Betriebsübergangs gegolten haben. Wird eine im Veräußerungsbetrieb geltende Betriebsvereinbarung im Erwerberbetrieb geändert, sind die übergegangenen Arbeitnehmer daran nicht beteiligt. Wie bereits erwähnt, findet bei einer Transformation gem. § 613a Abs. 1 S. 3 BGB der § 613a Abs. 1 S. 2 BGB keine Anwendung, wenn der neue Inhaber die Rechte und Pflichten durch eine andere Betriebsvereinbarung regelt. Diese kann auch erst nach dem Betriebsübergang abgeschlossen werden.[271] In der Betriebsvereinbarung des Erwerberbetriebs müssen die Rechte beinhaltet sein, die auch in der Betriebsvereinbarung des übergehenden Betriebs geregelt sind.[272] Wurde dies berücksichtigt, dann gilt nur die Betriebsvereinbarung des Erwerberbetriebs, und zwar prinzipiell sogar dann, wenn sie im Vergleich zur übergegangenen Betriebsvereinbarung für den übergehenden Arbeitnehmer eine Schlechterstellung zur Folge hat.

Es stellt sich jedoch in Bezug auf die Anwendung des § 613a Abs. 1 S. 3 BGB die Frage, ob die Bestimmung –im Gegensatz zu § 613a Abs. 1 S. 2 BGB, welcher nach mehrheitlicher Meinung „zu eng formuliert" ist– nicht „zu weit gefasst" ist. Denn sie bedenkt nicht, dass Betriebsvereinbarungen immer für konkrete Betriebe bestimmt sind und nicht bedenkenlos auf „hinzukommende Betriebe oder Betriebsteile" angewendet werden können.[273]

---

[269] NJW, 1998, Heft 25, S. 1820
[270] www2.igmetall.de/homepages/recklinghausen/file_uploads/7399.pdf, S. 3
[271] NJW, 1998, Heft 25, S. 1820
[272] www2.igmetall.de/homepages/recklinghausen/file_uploads/7399.pdf, S. 3
[273] NJW, 1998, Heft 25, S. 1820 und 1821

Daher herrscht die Meinung, dass diese Vorschrift insoweit nicht als zwingendes Recht anzusehen ist. Enthält eine Betriebsvereinbarung beispielsweise die Anmerkung, dass sie nur für bestimmte Betriebe Geltung hat, darf sie auch bei der Anwendung des § 613a Abs. 1 S. 3 BGB nicht auf Betriebe ausgedehnt werden, die nach § 613a BGB übergehen. Ist in den Betriebsvereinbarungen (Gesamtbetriebsvereinbarung, Konzernbetriebsvereinbarung) zum Geltungsbereich nichts explizit erwähnt, ist ggf. durch Auslegung zu prüfen, inwiefern sie auch für später hinzukommende Betriebe Anwendung finden sollen und die in § 613a Abs. 1 S. 3 BGB bestimmte Rechtsfolge eingreifen kann.[274]

5.3.3 Fortgeltung von Tarifverträgen

Im § 613a Abs. 1 S. 2 BGB ist geregelt, dass die Rechte und Pflichten aus den Tarifverträgen, die beim bisherigen Betriebs- oder Betriebsteilinhaber Geltung hatten, nach dem Betriebsübergang Inhalt des Arbeitsverhältnisses zwischen dem neuen Inhaber und dem Arbeitnehmer werden[275] und erst ein Jahr nach dem Zeitpunkt des Übergangs zum Nachteil des Arbeitnehmers geändert werden dürfen.[276]

Wie bei Betriebsvereinbarungen ist entsprechend den Worten der Vorschrift auch bei Tarifverträgen eine Transformation in das Individualarbeitsrecht anzunehmen. Allerdings ist eine nach § 613a Abs. 1 S. 2 BGB vorgesehene Transformation auf die individualrechtliche Ebene nur in Einzelfällen möglich.

Wie bei den Betriebsvereinbarungen ist die Norm auch für tarifvertragliche Regelungen nur als Auffangtatbestand zu sehen. Dies bedeutet, dass entgegen der Aussage des Gesetzes keine Transformation erfolgt, wenn Aussicht auf eine kollektivrechtliche Fortgeltung besteht. Erforderlich für die direkte Geltung der Rechtsnormen des Tarifvertrags sind, dass entweder beide Seiten an den Tarifvertrag gebunden sind oder der Tarifvertrag allgemeinverbindlich ist. Außerdem muss der Geltungsbereich, der von den Tarifvertragsparteien bestimmt wurde, vorliegen.

Des Weiteren ist eine Transformation gem. § 613a Abs. 1 S. 3 BGB nicht möglich, sofern die Rechte und Pflichten bei dem Erwerber durch Rechtsnormen eines anderen Tarifvertrags festgelegt werden. In solchen Fällen soll grundsätzlich die kollektivrechtliche Norm des Erwerbers vorrangig sein.

Nach mehrheitlicher Ansicht findet § 613a Abs. 1 S. 3 BGB allerdings nur bei einer sogenannten „beiderseitigen kongruenten Tarifbindung" Anwendung. Demzufolge soll die Transformation nur dann nicht möglich sein, wenn die übergegangenen Arbeitnehmer der tarifschließenden Gewerkschaft angehören und somit an den „Erwerbertarifvertrag" gebunden sind.[277]

---

[274] NJW, 1998, Heft 25, S. 1821
[275] NJW, 1998, Heft 25, S. 1821
[276] www2.igmetall.de/homepages/recklinghausen/file_uploads/7399.pdf, S. 6
[277] NJW, 1998, Heft 25, S. 1821

Beispiel:
Ein Metallunternehmen, welches an den Tarifvertrag Metall gebunden ist, gliedert seine Handelsabteilung aus. Der Erwerber ist kein Mitglied in einem Arbeitgeberverbandes und einigt sich mit der DAG (heute: ver.di) auf einen Haustarifvertrag. Der HBV-Tarifvertrag, der entsprechend dem fachlichen Schwerpunkt des ausgegliederten Betriebs einschlägig wäre, kann wegen der fehlenden Mitgliedschaft im zuständigen Arbeitgeberverband nicht angewendet werden.

Ergebnis:
Nach vorherrschender Ansicht ist es nicht möglich, dass das transformierte Recht ersetzt wird: „Für die übernommenen Arbeitnehmer gilt gem. § 613a Abs. 1 S. 2 BGB der von der Ausgliederung einschlägige IG-Metall-Tarifvertrag individualrechtlich fort. Eine Ablösung durch den DAG-Haustarifvertrag kommt nur in Betracht, wenn die IG-Metall-Mitglieder nicht in die Gewerkschaft HBV, sondern in die DAG übertreten."

Stellungnahme:
Korrekterweise muss es genügen, dass der Erwerber tarifgebunden ist. In § 613a Abs. 1 S. 3 BGB wird nur von der Regelung der „Rechte und Pflichten bei dem neuen Inhaber durch Rechtsnormen eines anderen Tarifvertrages" gesprochen: Vom Gesetz wird damit dem nachvollziehbare Wunsch des Erwerbers nach einheitlichen Arbeitsbedingungen (Tarifeinheit) entsprochen. Dies wird allerdings verhindert, wenn die Ablösungsmöglichkeit von der beiderseitigen und identischen Tarifbindung sowohl von Belegschaft als auch Erwerber abhängig ist.[278]

5.4 Haftung

5.4.1 Haftung des Erwerbers

Auf Grundlage des § 613a Abs. 1 S. 1 BGB muss der Betriebserwerber für die Ansprüche der übernommenen Arbeitnehmer haften. Die dadurch erfolgte umfassende Änderung in der Arbeitgeberstellung betrifft das gesamte Arbeitsverhältnis.[279] Dazu zählen auch Ansprüche, die „in der Vergangenheit entstanden sind und noch nicht vollständig erfüllt" wurden[280], was vor allem bei der Durchführung der due diligence (die „im Verkehr erforderliche Sorgfalt"; man versteht darunter die sorgfältige Analyse, Prüfung und Bewertung eines Objektes bei einer geplanten Unternehmenstransaktion „insbesondere zur Beschaffung und Aufarbeitung von Informationen im Sinne einer Kauf- oder Übernahmeprüfung")[281] besonders beachtet werden sollte. Fälschlicherweise herrscht die vielverbreitete Meinung, dass der Erwerber nur für die Zukunft in das Arbeitsverhältnis eintritt. Er übernimmt aber jedenfalls im Außenverhältnis alle „arbeitsrechtlichen Altlasten", wozu auch die betriebliche Altersversorgung zählt.[282]

Damit der Betriebserwerber haftet, ist es jedoch erforderlich, dass das Arbeitsverhältnis im Zeitpunkt der Übernahme noch bestand,[283] unabhängig von seiner Dauer. Auf Arbeitsverhältnisse, die zum Zeitpunkt des Betriebsübergangs schon erloschen sind, wird § 613a BGB nicht angewendet, auch nicht entsprechend. Entscheidend ist immer das Ende der Kündigungsfrist und nicht, wann der Ausspruch der Kündigung erfolgt.[284]

---

[278] NJW, 1998, Heft 25, S. 1821
[279] Willemsen H. J./Hohenstatt K.-S./Schweibert U./Seibt C. H., 2008, S. 867
[280] Pogge B., 2004, S. 189
[281] http://www.4managers.de/themen/due-diligence/
[282] Willemsen H. J./Hohenstatt K.-S./Schweibert U./Seibt C. H., 2008, S. 867
[283] Pogge B., 2004, S. 190
[284] Willemsen H. J./Hohenstatt K.-S./Schweibert U./Seibt C. H., 2008, S. 867

Daher muss der Erwerber möglicherweise auch für Ansprüche aus solchen Arbeitsverhältnissen in vollem Umfang haften, die zwar z.B. auf Grund eines Aufhebungsvertrages im Zeitpunkt des Betriebsübergangs schon einen fixen Beendigungstermin aufweisen, dieser jedoch erst in der Zukunft liegt.

Von dem her sollte sich der Erwerber bezüglich solcher Arbeitnehmer, die er nicht mit übernehmen will, vom Veräußerer zum einen die entsprechenden Aufhebungsvereinbarungen oder sonstigen Beendigungstatbestände belegen lassen und sich zum anderen vergewissern, dass auf ihn im Bezug auf diese Arbeitsverhältnisse keine Haftung aus § 613a Abs. 1 S. 1 BGB mehr zukommt. Denn sonst kann es geschehen, dass nur allein der neue Inhaber wegen einer Überschneidung von nur wenigen Tagen nach § 613a Abs. 1 S. 1 BGB für die gesamte Altersversorgung, die der Arbeitnehmer über Jahrzehnte erworben hat, haften muss. Ebenso kann ihn die Haftung für Sozialplanansprüche und insbesondere Abfindungen für solche Arbeitnehmer treffen, denen der Veräußerer betriebsbedingt gekündigt hat und deren zum Teil besonders langen Kündigungsfristen im Zeitpunkt des Betriebsübergangs aber möglicherweise noch laufen. Entgegen der weit verbreiteten Annahme ist es für die Haftung gemäß § 613a Abs. 1 S. 1 BGB nämlich nicht ausschlaggebend, ob der Sozialplan vom neuen oder alten Arbeitgeber erarbeitet wurde.

Der neue Betriebsinhaber haftet also nicht nur für rückständige Löhne, sondern primär für alle Ansprüche aus den übernommenen Arbeitsverhältnissen. Er kann sich gegenüber den Arbeitnehmern nicht auf die „Einrede der Vorausklage" berufen. Im Innenverhältnis werden Betriebsveräußerer und –erwerber jedoch für die Verpflichtungen, welche vor dem Betriebsübergang entstanden sind, normalerweise ausdrücklich vereinbaren, dass die alleinige Haftung hierfür den früheren Arbeitgeber trifft. Häufig geschieht dies im Kauf- oder sonstigen Übernahmevertrag. Ebenso ist es ratsam, im Innenverhältnis klare Regelungen bezüglich der Ansprüche aus Arbeitsverhältnissen, die der Erwerber nicht fortführen will, die jedoch zwecks „vertragstechnischen" Gründen über den Zeitpunkt des Betriebsübergangs hinaus fortbestehen, zu treffen.

Da die Haftungsregelung des § 613a Abs. 1 S. 1 BGB zivilrechtlichen Charakter hat, wird diese Regelung nicht auf rückständige öffentlich-rechtliche Verpflichtungen des Veräußeres im Zusammenhang mit den übernommenen Arbeitsverhältnissen angewendet. Dies betrifft hauptsächlich die Abführung von Sozialversicherungs-beiträgen und Lohnsteuer.[285]

5.4.2 Haftung des bisherigen Inhabers

Der Betriebserwerber ist durch den § 613a Abs. 1 S. 1 BGB mit einer umfangreichen Haftung für alle Ansprüche aus übernommenen Arbeitsverhältnissen, nicht nur für die Zukunft sondern auch für die Vergangenheit konfrontiert, wohingegen der Veräußerer durch § 613a Abs. 2 BGB für alle Ansprüche, die erst nach dem Betriebsübergang entstehen, größtenteils nicht haften muss. Aus wirtschaftlicher Sicht verlieren die Arbeitnehmer dadurch jene Person, die bisher für ihre zukünftigen Lohn- und sonstigen Ansprüche einstand. Dies kann bei ungenügender finanzieller Sicherheit des Erwerbers Beweggrund sein, das Widerspruchsrecht auszuüben.[286]

---

[285] Willemsen H. J./Hohenstatt K.-S./Schweibert U./Seibt C. H., 2008, S. 867 und 868
[286] Willemsen H. J./Hohenstatt K.-S./Schweibert U./Seibt C. H., 2008, S. 868

Allerdings bleibt gem. § 613a Abs. 2 S. 1 BGB die Haftung des Betriebsveräußerers für jene Verpflichtungen bestehen, die vor dem Betriebsübergang entstanden sind und bereits fällig werden, bevor sich der Betriebsübergang jährt.[287]

Zwar ist der Gesetzeswortlaut nicht klar formuliert, aber die Haftung nach § 613a Abs. 2 BGB greift auch bzw. vor allem dann, „wenn die Fälligkeit bereits vor dem Betriebsübergang eingetreten ist" und sich der vorherige Arbeitgeber folglich „mit der Erfüllung im Zeitpunkt des Betriebsübergangs im Verzug befindet". Durch die Einschränkung „soweit" ist ersichtlich, dass sich die Haftung bei regelmäßig wiederkehrenden Leistungen, wie Lohnansprüche oder Betriebsrenten, nur auf die „Raten" bezieht, welche in den zwölf Folgemonaten nach dem Betriebsübergang zur Zahlung kommen.

Beispiel
A ist seit mehr als 30 Jahren bei der V-GmbH beschäftigt. Entsprechend seinem Pensionsvertrag hat er nach Eintritt in den Ruhestand Anspruch auf ein Altersruhegeld von monatlich 3000 €. Drei Monate, bevor A die hierfür festgelegte Altersgrenze von 65 Jahren erreicht, kommt es zu einer Übertragung des Betriebs auf die K-GmbH.

Auch wenn die auf dem Betrieb „lastende" Pensionsverpflichtung wirtschaftlich betrachtet fast ausschließlich jene Zeit anbelangt, in der die V-GmbH Betriebsinhaber war, muss die V-GmbH nach dem eindeutigen Wortlaut des § 613a Abs. 2 BGB gegenüber A im Außenverhältnis nur für die Zahlungen der ersten neun Monate nach dem Eintritt des A in den Ruhestand haften, denn die Vorschrift gilt auch in vollem Umfang für Ansprüche aus der betrieblichen Altersversorgung. Hier wird einmal mehr verdeutlicht, wie bedeutsam es unabhängig von § 613a Abs. 2 BGB ist, eine Vereinbarungen abzuschließen, die die Haftung zwischen Erwerber und Veräußerer im Innenverhältnis regeln.

Besonders für Einmalzahlungen wie 13. Monatsgehalt, Weihnachtsgratifikation, Urlaubsgeld etc. beinhaltet der § 613a Abs. 2 S. 2 BGB eine wichtige Sonderregelung. Der bisherige Arbeitgeber muss demnach lediglich für solche Verpflichtungen einstehen, die nach dem Zeitpunkt des Übergangs fällig werden und zwar nur in dem Ausmaß, „das dem im Zeitpunkt des Übergangs abgelaufenen Teil ihres Bemessungszeitraums entspricht": Erfolgt beispielsweise zum 01.07. eine Betriebsübertragung, beschränkt sich die Haftung des bisherigen Betriebsinhabers für die im Dezember zu zahlende Weihnachtsgratifikation auf die Hälfte. Die Bestimmung ist für die betriebliche Altersversorgung jedoch bedeutungslos. Die Haftung des bisherigen Arbeitgebers erfolgt nur nach § 613a Abs. 2 S. 1 BGB.[288]

---

[287] Preis U., 2003, S. 902
[288] Willemsen H. J./Hohenstatt K.-S./Schweibert U./Seibt C. H., 2008, S. 868 und 869

5.5 Besonderer Kündigungsschutz im § 613a Abs. 4 BGB

5.5.1 Kündigung aufgrund des Betriebsübergangs

Wird das Arbeitsverhältnis eines Arbeitnehmers durch den neuen oder bisherigen Betriebsinhaber gekündigt, ist diese Kündigung nach § 613a Abs. 4 BGB nicht wirksam, sofern sie „wegen" eines Betriebsübergangs ausgesprochen wird.[289] Die Möglichkeit, eine Kündigung aus anderen Gründen, hierzu gehört z.B. die verhaltensbedingte Kündigung, auszusprechen, bleibt aber bestehen.

Die Vertragsfreiheit des Arbeitgebers, die sich aus Art. 2 Abs. 1, Art. 14 Abs. 1 GG ergibt, wird durch § 613a Abs. 4 BGB und den Übergang des Arbeitsverhältnisses gemäß § 613a Abs. 1 S. 1 BGB eingeschränkt. Zulässig ist dies nach allgemeiner Auffassung durch das Sozialstaatsprinzip, welches in Art. 20 Abs. 1 und Art. 28 Abs. 1 GG verankert ist.

§ 613a Abs. 4 BGB soll sicherstellen, dass der Schutz, den die Arbeitnehmer durch die Bestimmungen des § 613a BGB haben, weder durch eine Kündigung noch durch Umgehungsgeschäfte beeinträchtigt wird und für sie somit verloren gehen würde. Aufgrund dessen ist der § 613a Abs. 4 BGB nicht nur auf Kündigungen anwendbar, sondern auch für alle anderen Beendigungstatbestände, deren Beweggrund der Betriebsübergang ist.[290] Auch Aufhebungsverträge und Eigenkündigungen sind wirkungslos,[291] wenn sie wegen des Betriebsübergangs vom alten oder neuen Betriebsinhaber nur deshalb bewirkt werden, um das existierende Kündigungsverbot zu umgehen. Entsprechendes gilt auch für Vereinbarungen, durch die ein Arbeitsverhältnis aufgrund eines nahenden oder vollzogenen rechtsgeschäftlichen Betriebsinhaberwechsels befristet werden soll. Eine Befristung, die nur den Zweck hat, den durch § 613a Abs. 1 BGB beabsichtigten Bestandsschutz der Arbeitsverhältnisse bei rechtsgeschäftlichem Betriebsübergang zu verhindern, ist keinesfalls sachlich gerechtfertigt. Erfolgte eine Befristung des Arbeitsverhältnisses im zeitlichen Zusammenhang mit einem Betriebsübergang, so ist sie nicht wegen einer mutmaßlichen Umgehung des § 613a Abs. 4 BGB unwirksam, wenn ein sachlicher Grund vorliegt, z.B. Befristung für die Dauer der Zuweisung im Rahmen einer ABM.[292]

Abs. 4 des § 613a BGB enthält ein sogenanntes „eigenständiges Kündigungsverbot",[293] welches ohne das Intervenieren des Kündigungsschutzgesetzes gilt und daher sowohl Kleinbetriebe als auch Arbeitsverhältnisse, die noch keine sechs Monate angedauert haben, mit umfasst.[294] Wird eine Kündigung auf Grund eines Betriebsübergangs ausgesprochen, ist diese nichtig gem. § 134 BGB und unterliegt somit § 13 Abs. 3 KSchG. Der Arbeitnehmer muss daher gem. § 13 Abs. 3 KSchG i.V.m. § 4 S. 1 KSchG innerhalb von drei Wochen nach Zugang der schriftlichen Kündigung Klage beim Arbeitsgericht auf Feststellung erheben, dass das Arbeitsverhältnis durch die Kündigung nicht aufgelöst ist.[295]

---

[289] Preis U., 2003, S. 903
[290] NJW, 1998, Heft 25, S. 1823
[291] Küttner W., 2008, S. 884
[292] NJW, 1998, Heft 25, S. 1823
[293] Bernsau G./Dreher D./ Hauck F., 2008, Rdnr. 225
[294] NJW, 1998, Heft 25, S. 1823
[295] Palandt Bürgerliches Gesetzbuch, 65. Auflage, § 613a BGB, RdNr. 36

Der Arbeitnehmer kann sein Klagerecht allerdings verlieren, wenn er unnötig lange mit der Klage gewartet hat. Bringt ein Arbeitnehmer vor, dass es sich nicht um eine Betriebs(teil)stilllegung seitens des bisherigen Arbeitgebers, sondern um einen Betriebs(teil)übergang auf einen neuen Inhaber handle, und ihm nur deshalb gekündigt worden sei, so richtet sich die Darlegungs- und Beweislast danach, ob ein Kündigungsschutzverfahren gem. § 1 Abs. 2 S. 2 KSchG gegeben ist. Findet kein solches Kündigungsschutzverfahren statt, muss der Arbeitnehmer im Rahmen des § 613a Abs. 4 BGB vortragen und nachweisen, dass die Kündigung wegen eines rechtsgeschäftlichen Betriebsübergangs erfolgte. Anders gelagert ist es im Kündigungsschutzverfahren gem. § 1 Abs. 2 S. 2 KSchG. Hier ist es Aufgabe des Arbeitgebers, darzulegen und zu beweisen, dass es sich um eine sozial gerechtfertigte Kündigung handelt. Bringt er vor, dass eine Fremdvergabe der Grund für den Wegfall der Beschäftigungsmöglichkeit gewesen sei, so muss er, wenn Indizien für einen Betriebsübergang vorhanden sind, auch zur Klärung dieser Rechtsfolge Fakten vorbringen.

Nur eine Kündigung, die „wegen" des Betriebsübergangs ausgesprochen wird, ist unwirksam. Um eine Kündigung wegen des Betriebsübergangs handelt es sich nur dann, wenn dieser den ausschlaggebenden Grund und „nicht nur den äußeren Anlass" für die Kündigung darstellt.[296]

„§ 613a Abs. 4 BGB hat gegenüber § 613a Abs. 1 BGB Komplementärfunkton". Durch die Vorschrift soll unterbunden werden, dass der Bestandsschutz, welcher in § 613a Abs. 1 BGB festgelegt ist, durch eine Kündigung umgangen wird. Das Kündigungsverbot greift nicht, wenn es neben dem Betriebsübergang einen sachlichen Grund gibt, der „aus sich heraus" die Kündigung zulässt.[297]

Vor Gefahren, die sich stets auch ohne einen Betriebsübergang ergeben können, sind Arbeitnehmer aber nicht gefeit. Durch den § 613a Abs. 4 S. 1 BGB wird es einem Betriebsinhaber aber nicht untersagt, Rationalisierungsmaßnahmen zur Verbesserung des Betriebs vorzunehmen und deshalb betriebsbedingte Kündigungen auszusprechen, selbst wenn dies und die Veräußerung des Betriebs zeitlich nahe beieinander liegen. Aus rechtlicher Sicht bestehen keine Einwände, wenn ein Betriebsinhaber, bevor er den Betrieb veräußert, eine Umstrukturierung vornimmt. Die Kündigungen, die deswegen erfolgt sind, wurden nicht anlässlich des Betriebsübergangs, sondern aus anderen betrieblichen Gründen ausgesprochen. Solch eine Kündigung ist folglich nicht schon aufgrund Betriebsübergangs unwirksam.

Um § 613a Abs. 4 BGB anwenden zu können, muss ein Betriebsübergang im Sinne des § 613a BGB vorliegen. Die Möglichkeit, das Kündigungsverbot auch auf Vorgänge anzuwenden, die einem Betriebsübergang sehr nahe kommen, besteht nicht. Zur Problematik, die bei einem Gesellschafterwechsel einer KG auftritt, hat das BAG insofern festgehalten, dass auch eine „wirtschaftliche" Betrachtung zum selben Ergebnis führt. Eine entsprechende Anwendung ist ausgeschlossen.[298]

---

[296] NJW, 1998, Heft 25, S. 1823
[297] Preis, Erfurter Kommentar zum Arbeitsrecht, 2008, Rdnr 154
[298] NJW, 1998, Heft 25, S. 1823

Ebenso findet der § 613a Abs. 4 BGB auch keine Anwendung für den Fall, dass Arbeitnehmer weder beim Betriebsveräußerer noch beim Betriebserwerber weiterbeschäftigt werden möchten und sich mit dem Betriebsveräußerer auf einen Aufhebungsvertrag einigen. Ein Arbeitnehmer, der in einem Betriebsteil arbeitet, der durch Betriebsveräußerung übertragen wird, vermeidet durch Ausübung seines Widerspruchsrechts einen Übergang seines Arbeitsverhältnisses auf den Betriebserwerber. Es muss für ihn auch die Gelegenheit bestehen, sein Arbeitsverhältnis in beidseitigem Einverständnis mit dem Betriebsveräußerer mittels Aufhebungsvertrag zu beenden, wenn er an seinem bisherigen Arbeitsplatz definitiv nicht mehr weiterarbeiten will.

Anders sieht es jedoch aus für vom Arbeitgeber wegen des Betriebsübergangs bewirkte Aufhebungsverträge bzw. wenn zwischen den Parteien des Aufhebungsvertrags Einigkeit darin besteht, dass der Arbeitnehmer beim Betriebserwerber angestellt werden soll.

Das BAG ist im letzteren Fall der Auffassung, dass der Abschluss eines Aufhebungsvertrags nur das Ziel hat, den Fortbestand des Arbeitsverhältnisses zu unterbrechen, damit der Arbeitnehmer seine bislang erarbeiteten Besitzstände einbüßt. Aber gerade so etwas will die unabdingbare Schutzvorschrift des § 613a Abs. 1 BGB unterbinden. Daher ist es illegal und folglich nach § 134 BGB nichtig, durch einen Aufhebungsvertrag diesen Schutz zu umgehen.

Wenn man prüft, ob es sich um eine Kündigung „wegen" Betriebsübergangs handelt, sind lediglich die Umstände beim Zugang der Kündigung zu betrachten. Somit hat ein herannahender Betriebsübergang nur dann die Unwirksamkeit der Kündigung nach § 613a Abs. 4 BGB zur Folge, wenn die Voraussetzungen, die für einen Betriebsübergang erforderlich sind, beim Zugang der Kündigung vorliegen oder wenigstens schon „deutliche Formen angenommen haben".[299]

5.5.2 Kündigung aus anderen Gründen

Durch einen Betriebsübergang sollen die übergehenden Arbeitnehmer nicht bevorteilt werden. Daher ist im Gesetz explizit festgelegt, dass nach wie vor auch Kündigungen aus anderen Gründen zulässig sind. Finden der Veräußerer oder Erwerber einen Kündigungsgrund, auf den sie abstellen können, so besteht weiterhin die Möglichkeit einer rechtswirksamen Kündigung. Dies ist bei allen Kündigungsgründen der Fall, also sowohl aus personen- und verhaltensbedingtem als auch betriebsbedingtem Anlass.[300] Auch Änderungskündigungen können ausgesprochen werden.[301]

Die häufigsten Schwierigkeiten tauchen in der Praxis bei der Abgrenzung zwischen einer zulässigen Kündigung aus betriebsbedingten Gründen und einer unzulässigen Kündigung aufgrund eines Betriebsübergangs auf.[302]

---

[299] NJW, 1998, Heft 25, S. 1823 und 1824
[300] Nicolai A., 2006, Rdnr. 204
[301] Bernsau G./Dreher D./ Hauck F., 2008, Rdnr. 240
[302] Nicolai A., 2006, Rdnr. 204

Wiedereinstellungsanspruch bei unerwartetem bzw. ungeplantem Betriebsübergang

Speziell bei unerwarteten oder ungeplanten Betriebsübergängen stellt sich für Arbeitnehmer, die von ihrem bisheriger Arbeitgeber z.B. wegen Auftragwegfalls wirksam betriebsbedingt gekündigt wurden, die Frage, ob sie nach dem Zeitpunkt des Zugangs der Kündigungen gegenüber dem Erwerber einen Wiedereinstellungsanspruch erheben können. Dies nimmt das BAG grundsätzlich dann an, wenn die Kündigungsfrist noch läuft und dann der Betriebsübergang erfolgt.

> **Beispiel**
> V entscheidet sich dafür, seinen Betrieb aufgrund massiver wirtschaftlicher Schwierigkeiten zum 31.12.2004 stillzulegen und kündigt seinen Arbeitnehmern im Oktober 2004 zum Jahresende. Im Dezember 2004 findet sich unerwartet ein Investor, der den Betrieb zum 15.12.2004 übernimmt. Die gekündigten Arbeitnehmer haben möglicherweise einen Wiedereinstellungsanspruch.

Entsprechendes gilt bei einem Aufhebungsvertrag, den der Arbeitnehmer mit dem bisherigen Arbeitgeber unterzeichnet hat. Erfährt der Arbeitnehmer vom Betriebsübergang, muss er seinen Wiedereinstellungsanspruch unverzüglich anmelden.

Wird ein Betrieb oder Betriebsteil aus der Insolvenz übernommen, so hat der Arbeitnehmer grundsätzlich dann keinen Wiedereinstellungsanspruch, wenn die Kündigungsfrist bereits abgelaufen ist und der Betriebsübergang erst dann stattfindet.[303]

5.6 Unterrichtungspflicht und Widerspruchsrecht

5.6.1 Unterrichtung der Arbeitnehmer

Damit der Arbeitnehmer angemessen beurteilen kann, ob er den Übergang seines Arbeitsverhältnisses durch einen Widerspruch abwenden möchte oder nicht, muss er über die Voraussetzungen und Auswirkungen des nahenden Betriebsübergangs in Kenntnis gesetzt werden.[304] Die Unterrichtung hat schriftlich zu erfolgen.[305]

---

[303] Nicolai A., 2006, S. 93 und 94
[304] Palandt Bürgerliches Gesetzbuch, 65. Auflage, § 613a, Rdnr. 38
[305] Küttner W., 2008, S. 879

Die Unterrichtung

→ der Inhalt ist in § 613a Abs. 5 BGB geregelt

muss vor dem Betriebs-übergang erfolgen und vollständig sein	muss richtig sein	kann allgemein gefasst werden	muss nicht speziell auf jeden einzelnen Arbeitnehmer angepasst sein

Abb. 5: Anforderungen an eine Unterrichtung[306]

Die Unterrichtung der betroffenen Arbeitnehmer kann entweder der Veräußerer oder Erwerber vornehmen.[307]

Zwingend anzugeben sind:

- Zeitpunkt oder geplanter Zeitpunkt des Übergangs
  Zuerst einmal muss die Unterrichtung Informationen über den Zeitpunkt bzw. den geplanten Zeitpunkt des Übergangs enthalten. Es muss also das Datum der Übertragung angegeben werden. Sollte es nicht genannt werden können, weil es noch nicht bestimmt ist oder die beteiligten Rechtsträger keinen Einfluss auf das Datum haben (z.B. Eintragung einer Umwandlung ins Handelsregister), genügt die Angabe des voraussichtlichen Datums.

  Sollte sich der Übertragungszeitpunkt später doch noch ändern, hat dies keine Auswirkungen auf die Wirksamkeit der anfänglichen Unterrichtung. Dennoch ist es ratsam, die Arbeitnehmer aus Gründen der Klarstellung im Nachhinein über den konkreten Übergangszeitpunkt bzw. einen möglicherweise geänderten Übergangszeitpunkt zu informieren. Sowohl für den Veräußerer als auch den Erwerber hat dies keine negativen Auswirkungen. Weder wird die vorher durchgeführte Unterrichtung rückwirkend nichtig noch beginnt die Widerspruchsfrist wieder von Neuem. Wird dem Erwerber die Leitungsmacht bereits vor der Eintragung der Umwandlung übertragen, ist dieser frühere Termin ausschlaggebend und dem Arbeitnehmer bekannt zu geben.[308]

- Grund des Betriebsübergangs
  Uneinigkeit herrscht darüber, ob die Pflicht gem. § 613a Abs. 5 Nr. 2 BGB, den Arbeitnehmern den Grund für den Übergang mitzuteilen, sich nur auf den Rechtsgrund bezieht oder auch der wirtschaftliche Beweggrund genannt werden muss.[309]

---

[306] Palandt Bürgerliches Gesetzbuch, 65. Auflage, § 613a, Rdnr. 42
[307] www.advocat24.de/user_files/download/tdm_betriebsuebergang.pdf, S. 2
[308] Bernsau G./Dreher D./ Hauck F., 2008, Rdnr. 141 und 142
[309] Bernsau G./Dreher D./ Hauck F., 2008, Rdnr. 143

Dieses Tatbestandsmerkmal zielt insbesondere auf die rechtsgeschäftliche Grundlage (Verkauf, Pachtvertrag, Umwandlung etc.) ab. Auf eine umfassende und ggf. sogar mit betrieblichen Kennzahlen belegte Begründung für den Betriebsübergang kann wegen der unternehmerischen Entscheidungsfreiheit nicht bestanden werden.[310] Jedoch müssen die Gründe, die nach unternehmerischen Erwägungen Anlass für den Übergang wurden, wenigstens stichpunktartig mitgeteilt werden.[311] Da es Sinn und Zweck der Unterrichtung ist, dem Arbeitnehmer Gelegenheit zu geben, über einen eventuellen Widerspruch nachzudenken, verlangt das BAG ferner eine stichpunktartige Auflistung der unternehmerischen Überlegungen, die Anlass für den Betriebsübergang waren. Dadurch findet der Übergang bei den Beschäftigten leichter Zustimmung.[312]

- Folgen für die Arbeitnehmer
  Anzuführen ist hier die Auswirkungen auf aus Arbeitsverhältnis unter wirtschaftlichen, rechtlichen und sozialen Gesichtspunkten.[313]

Die rechtlichen Folgen eines Übergangs finden sich in § 613a Abs. 1 bis 4 BGB und bei Umwandlungen darüber hinaus auch in §§ 133 f., 322 ff. UmwG.[314] Vom Gesetzgeber wird verlangt, dass Fragen zur Weitergeltung oder Änderung der bisherigen Pflichten aus dem Arbeitsverhältnis, der Haftung des Veräußerers und Erwerbers und zum Kündigungsschutz beantwortet werden.[315] Es reicht nicht, nur den Gesetzestext von § 613a Abs. 1 bis 4 BGB anzuführen, sondern es müssen die Rechtsfolgen, die sich aus diesem Betriebsübergang ergeben, aufgezeigt werden. Jedoch kann dem Arbeitgeber nicht zugemutet werden, jeden Mitarbeiter rechtlich detailliert zu beraten. Dies ist dem Gesetzeswortlaut (Folgen des Übergangs für »die« Arbeitnehmer) und der Ausführung des Gesetzgebers, wonach der Arbeitnehmer die Gelegenheit haben soll, sich eingehender zu informieren und möglicherweise auch Rechtsrat einzuholen, zu entnehmen. Bei einem unveränderten Übergang ist es nicht erforderlich, eindeutig auf den Übergang einzelner Ansprüche hinzuweisen. Das BAG hat in seiner Rechtsprechung entschieden, dass auf folgende Punkte hingewiesen werden muss:

- der Erwerber tritt in die Rechte und Pflichten aus dem bestehenden Arbeitsverhältnis ein
- Erwerber und Veräußerer haften nach § 613a Abs. 2 BGB gesamtschuldnerisch
- die kündigungsrechtliche Situation (sofern Kündigungen geplant bzw. vorgesehen sind) [316]

Außerdem müssen in der Unterrichtung die kollektivrechtlichen Auswirkungen des Betriebsübergangs dargestellt werden, was bedeutet,[317]

---

[310] Bernsau G./Dreher D./ Hauck F., 2008, Rdnr. 144
[311] hr.monster.de/12562_de-DE_p1.asp
[312] Bernsau G./Dreher D./ Hauck F., 2008, Rdnr. 144
[313] Palandt Bürgerliches Gesetzbuch, 65. Auflage, 613a, Rdnr. 44
[314] Bernsau G./Dreher D./ Hauck F., 2008, Rdnr. 146
[315] www.dingeldein.de/arb/betriebsuebergang.htm
[316] Bernsau G./Dreher D./ Hauck F., 2008, Rdnr. 146
[317] Bernsau G./Dreher D./ Hauck F., 2008, Rdnr. 147

dass die Arbeitnehmer informiert werden müssen, ob die bisher geltenden Tarifverträge bzw. Betriebsvereinbarungen auch beim Erwerber zum Tragen kommen und wenn ja, ob sie dort dann kollektivrechtlich weiterbestehen, ins Individualrecht transformiert werden oder durch (konkret zu nennende) Betriebsvereinbarungen bzw. Tarifverträge, die beim Erwerber Gültigkeit haben, ersetzt werden. Damit die Unterrichtung wirksam ist, muss aber nicht der Inhalt sämtlicher Kollektivnormen, die beim Erwerber bestehen, wortwörtlich genannt werden. Allerdings müssen die in Zukunft geltenden Tarifverträge bzw. Tarifverträge im Einzelnen angeführt werden. Sollte es erhebliche Änderungen beim Arbeitsentgelt bzw. der Arbeitsleistung (z.B. Arbeitszeit) geben, ist es ratsam, dies in der Unterrichtung kurz darzulegen. Laut dem BAG ist es nicht erforderlich, einzelne Tarifverträge und Betriebsvereinbarungen genau zu benennen; aber es sollte schon ein Hinweis hierzu gegeben werden, inwiefern die Vorschriften kollektivrechtlich oder individualrechtlich weitergelten.[318]

Im Hinblick auf die Ausführlichkeit der Unterrichtungspflicht zu diesem Punkt ist es richtig, aus Arbeitgebersicht einen nicht all zu strengen Maßstab anzulegen. Auch der Gesetzgeber ist der Ansicht, dass die Unterrichtung nicht den Zweck hat, jeden einzelnen Arbeitnehmer darüber zu informieren, welche Folgen des Betriebsübergangs ihn vielleicht alle treffen. Nach seiner Auffassung soll sich der Arbeitnehmer im Anschluss an die Unterrichtung ausführlicher erkundigen bzw. beraten lassen können. Werden in einem Interessensausgleich bzw. Sozialplan jene Arbeitnehmer begünstigt, die z.B. ihren Widerspruch ausgeübt haben und somit vom Betriebsübergang nicht berührt sind, ist der Arbeitgeber gegenüber diesen Arbeitnehmern von seiner Unterrichtungspflicht entbunden, denn in solch einem Fall geht es um eine „Folge des Nichtübergangs" und keineswegs um eine Folge des Übergangs, aber die Unterrichtung beinhaltet ja lediglich die Arbeitsbedingungen beim Erwerber.[319] Müssen in der Unterrichtung schwierige Rechtsfragen eingeschätzt werden, ist dieses Informationsschreiben ordnungsgemäß, so lange der unterrichtende Arbeitgeber seine vertretbare eigene Rechtsauffassung korrekt wiedergibt. Jedoch kann es erforderlich sein, dass er sich zuvor Rechtsrat einholt.[320]

Bedenken sollte der Arbeitgeber jedoch die sehr strenge BAG-Rechtsprechung, falls die Unterrichtung sachliche Fehler aufweist, die er als vermeintlich bedeutungslos einstuft, denn eine lediglich »im Kern richtige« oder »ausreichende« Unterrichtung ist im Gegensatz zu Früher ungenügend. So ist nach dem BAG die ganze Unterrichtung nicht wirksam, sofern die Angaben zum „Haftungsmodell" lt. § 613a Abs. 2 BGB oder zur Veränderungssperre gem. § 613a Abs. 1 S. 2 BGB unpräzise oder lückenhaft sein.

Beim Widerspruchsrecht gem. § 613a Abs. 6 BGB und dessen rechtlichen Folgen, für den Fall das es ausgeübt wird, handelt es um keine direkte Folge des Übergangs, denn insbesondere dadurch, dass der Arbeitnehmer dieses Recht in Anspruch nimmt, geht sein Arbeitsverhältnis nicht über. Das Widerspruchsrecht ist ein Gestaltungsrecht in der Form eines Rechtsfolgenverweigerungsrechts, denn es verhindert das Eintreten der im Gesetz festgelegten Reihenfolge,[321]

---

[318] Bernsau G./Dreher D./ Hauck F., 2008, Rdnr. 147
[319] Bernsau G./Dreher D./ Hauck F., 2008, Rdnr. 148
[320] Willemsen H. J./Hohenstatt K.-S./Schweibert U./Seibt C. H., 2008, S. 878
[321] Bernsau G./Dreher D./ Hauck F., 2008, Rdnr. 148 und 149

dass das Arbeitsverhältnis auf den Erwerber übergeht und ermöglicht es, dass das Arbeitsverhältnis mit dem Veräußerer weiterbesteht.[322] Deswegen herrscht zum Teil die Meinung, dass das Widerspruchsrecht des § 613a Abs. 6 BGB keine Folge des Übergangs ist und es somit auch nicht erforderlicher Bestandteil der Unterrichtung sei. Höchstrichterlich wurde nun jedoch festgelegt, dass der Widerspruch und seine Folgen zur Unterrichtungspflicht gehören, denn auch indirekte Folgen des Übergangs seien überaus wichtig für die betroffenen Arbeitnehmer.[323] Aus diesem Grund muss der Arbeitnehmer auch über Sozialplanansprüche informiert werden, die ihm bei einem möglichen Widerspruch zustehen können.[324] Weiterhin ist in die Unterrichtung aufzunehmen, ob ein widersprechender Arbeitnehmer gekündigt wird und er dann dadurch eine Sozialplanabfindung erhalten würde.

In § 613a Abs. 5 Nr. 3 BGB ist nur von Folgen für »die Arbeitnehmer« die Rede, nicht jedoch für Arbeitnehmervertreter bzw. Vertretungsorgane. Demzufolge müssen in der Unterrichtung keine kollektivrechtlichen Konsequenzen des Betriebsübergangs wie Rest- oder Übergangsmandate (§§ 21a, 21b BetrVG) oder notwendige Neuwahlen aufgezeigt werden. Aber auch diesbezüglich fehlt noch eine höchstrichterliche Rechtsprechung, so dass man der Praxis nur raten kann, über solche kollektivrechtlichen Folgen dennoch zumindest die Arbeitnehmervertreter zu informieren, um so keine fehlerhafte Unterrichtung zu riskieren.[325]

Der Arbeitgeber muss sich in der Unterrichtung zu den wirtschaftlichen Folgen äußern[326], darunter ist aber nicht die wirtschaftliche Lage des Erwerbers zu verstehen. Wurde über das Vermögen des Erwerbers allerdings ein Insolvenzverfahren eröffnet, muss in der Unterrichtung darauf eingegangen werden.

Bei den sozialen Folgen sind z.B. Sozialleistungen des Erwerbers zu erwähnen, die nicht bereits als Rechtsfolge des Übergangs gewährt werden müssen.[327]

- In Aussicht genommene Maßnahmen

Außerdem müssen die Arbeitnehmer darüber informiert werden, welche Maßnahmen in Bezug auf sie vorgesehen sind.[328] Laut der Gesetzesbegründung zählen dazu[329] Weiterbildungsmaßnahmen, die auf beabsichtigten Produktionsumstellungen oder Umstrukturierungen und anderen Maßnahmen beruhen und der beruflichen Entwicklung der Arbeitnehmer dienen.[330] Selbst Umstrukturierungen, betriebsbedingte Kündigungen und die Kündigung von Betriebsvereinbarungen, die der Erwerber plant, sind solche Maßnahmen.[331]

---

[322] www.bewerbungsmappen.de/links/ArbeitsrechtXVII/Arbeitsrecht198/arbeitsrecht198.html
[323] Bernsau G./Dreher D./ Hauck F., 2008, Rdnr. 149
[324] Willemsen H. J./Hohenstatt K.-S./Schweibert U./Seibt C. H., 2008, S. 880
[325] Bernsau G./Dreher D./ Hauck F., 2008, Rdnr. 149 und 150
[326] Willemsen H. J./Hohenstatt K.-S./Schweibert U./Seibt C. H., 2008, S. 879
[327] Bernsau G./Dreher D./ Hauck F., 2008, Rdnr. 151 und 152
[328] Preis, Erfurter Kommentar zum Arbeitsrecht, 2008, Rdnr 89
[329] Bernsau G./Dreher D./ Hauck F., 2008, Rdnr. 153
[330] Commandeur G./Kleinebrink W., 2002, Rdnr. 262
[331] Bernsau G./Dreher D./ Hauck F., 2008, Rdnr. 153

Darunter fallen auch „in Aussicht genommene Maßnahmen", mit denen im Falle eines Widerspruchs zu rechnen ist. Das meist genannte Beispiel in dem Zusammenhang ist die betriebsbedingte Kündigung, die dem widersprechenden Arbeitnehmer droht.

Wie man an diesem Beispiel sieht, bezieht sich die aus § 613a Abs. 5 Nr. 4 BGB ergebende Unterrichtungspflicht im Gegensatz zu jener aus § 613a Abs. 5 Nr. 3 BGB nicht nur auf die vom Erwerber beabsichtigten Maßnahmen. Aus dem Inhalt kann man auf solch eine Beschränkung nicht schließen.

Eine Maßnahme ist dann »in Aussicht genommen«, wenn eine „hinreichend verfestigte subjektive Absicht vorliegt". Auf solch eine Absicht lässt sich u.U. auf Grund eindeutiger Anhaltspunkte schließen. Bevor nicht ernsthafte Planungen erfolgt sind, ist eine Maßnahme auch nicht in Aussicht genommen. Hat man sich mit einer Gewerkschaft auf Sondierungsgespräche bzgl. der Sicherung von Arbeitsplätzen verständigt bzw. darauf, dass Ausgliederungen verhindert werden sollen, folgt aus diesem Grund noch keine Unterrichtungspflicht. Genauso verhält es sich, wenn die Gewerkschaft einen Sanierungstarifvertrag fordert.[332]

Wird von Anfang an festgelegt, dass der Arbeitnehmer auf die Unterrichtung verzichtet, ist diese Vereinbarung aufgrund des Ziels einer Unterrichtung nicht rechtmäßig und ungültig.[333] Ein Verzicht des Arbeitnehmers ist jedoch ab dem Zeitpunkt möglich, ab dem der Betriebsübergang vereinbart ist und dessen Art und Umfang genauer beschrieben wird,[334] speziell wenn er beim neuen Arbeitgeber einen Arbeitsvertrag unterzeichnet hat. Ob dieser Arbeitsvertrag wirksam ist, hängt nicht davon ab, ob der Informationspflicht nachgekommen worden ist.[335]

Die 1-Monats-Frist für den Widerspruch beginnt bei unrichtiger, nicht formgerechter oder unvollständiger Unterrichtung des Arbeitnehmers nicht zu laufen. Eine verspätete, unvollständige oder unterlassene Unterrichtung stellt eine Pflichtverletzung dar, deshalb kann der Arbeitnehmer Schadensersatzansprüche gegen den bisherigen oder neuen Arbeitgeber haben.[336]

5.6.2 Voraussetzungen eines wirksamen Widerspruchs

Durch den Betriebsübergang erfolgt kraft Gesetz ein Übergang der Arbeitsverhältnisse. Das BAG hat aufgrund § 613a BGB dem Arbeitnehmer schon immer durch seine Rechtssprechung die Möglichkeit gewährt, diese Wirkung durch Widerspruch abzuwenden,[337] was bedeutet, dass sein Arbeitsverhältnis mit dem Veräußerer bestehen bleibt.[338]

Die Regelung findet sich nun in § 613a Abs. 6 BGB.[339] Für einen wirksamen Widerspruch müssen nachstehende Bedingungen erfüllt sein:[340]

---

[332] Bernsau G./Dreher D./ Hauck F., 2008, Rdnr. 154 bis 156
[333] Palandt Bürgerliches Gesetzbuch, 65. Auflage, § 613a, Rdnr. 46
[334] Preis, Erfurter Kommentar zum Arbeitsrecht, 2008, Rdnr 102
[335] Palandt Bürgerliches Gesetzbuch, 65. Auflage, § 613a, Rdnr. 46
[336] Bernsau G./Dreher D./ Hauck F., 2008, Rdnr. 166
[337] Palandt Bürgerliches Gesetzbuch, 65. Auflage, § 613a, Rdnr. 48
[338] Wollenschläger M., 1999, Rdnr. 179
[339] Palandt Bürgerliches Gesetzbuch, 65. Auflage, § 613a, Rdnr. 48
[340] Nicolai A., 2006, Rdnr. 230

Der Widerspruch muss die Schriftform im Sinne des § 126 BGB wahren,[341] was bedeutet, dass er vom Arbeitnehmer eigenhändig unterschrieben sein muss. Zudem muss offensichtlich zu erkennen sein, dass der Arbeitnehmer mit dem Übergang des Arbeitsverhältnisses nicht einverstanden ist.[342] Das Wort Widerspruch ist in der Erklärung nicht zwingend erforderlich.[343] Außerdem ist es nicht notwendig, dass er seinen Widerspruch begründet.

Nach dem Zugang der Unterrichtung gem. § 613a Abs. 5 BGB hat der Arbeitnehmer einen Monat Zeit, seinen Widerspruch zu erklären.[344] Ausschlaggebend ist also, wann ihm die Unterrichtung zugegangen ist. Zu beachten ist, dass die Monatsfrist erst ab dem Zeitpunkt beginnt, wenn die Unterrichtung nach Abs. 5 „umfassend und fehlerfrei" erteilt wurde. Sie beginnt demzufolge nicht zu laufen, wenn die Informationen, die der Arbeitnehmer erhalten hat, unvollständig oder vereinzelt nicht zutreffend sind.[345]

Es steht dem Arbeitnehmer frei, ob er den Widerspruch gegenüber dem bisherigen Arbeitgeber oder dem neuen Betriebsinhaber erklärt.[346] Allerdings ist es u.U. aber sinnvoll, schon im Informationsschreiben anzugeben, an wen der Widerspruch zu richten ist bzw. wo er abgegeben werden soll.[347]

Es spielt keine Rolle, ob das Widerspruchsrecht des Arbeitnehmers im Arbeitsvertrag ausgeschlossen oder eingeschränkt wurde, denn solch eine Vereinbarung oder Klausel ist zumindest dann unwirksam, wenn sie ohne einen bestimmten Grund mit eingefügt wurde. Er kann erst dann auf sein Widerspruchrecht verzichten, wenn der Betriebsübergang vollzogen wurde oder direkt bevorsteht.

Generell ist es nicht verboten, dass jeder bzw. fast jeder Arbeitnehmer gleichzeitig seinen (kollektiven) Widerspruch gegen den Übergang seines Arbeitsverhältnisses einlegt. Jedoch ist dies dann gesetzeswidrig, wenn damit nur das Ziel verfolgt wird, den Betriebsübergang abzuwenden oder unangemessene Vergünstigungen zu erlangen.[348]

5.6.3 Bindung an einen erklärten Widerspruch

Bei dem Widerspruch, den der Arbeitnehmer erklärt, handelt es sich um eine Willenserklärung, die nicht einfach so wieder aufgehoben werden kann, sollte er nach seinem Widerspruch doch noch einmal seine Meinung ändern. Ein Widerspruch kann also nicht wieder zurückgezogen werden; diesbezüglich gelten die allgemeinen Regeln zur Aufhebung von Willenserklärungen. Um einen Widerspruch zu beseitigen, gibt es lediglich folgende zwei Möglichkeiten:[349]

---

[341] Palandt Bürgerliches Gesetzbuch, 65. Auflage, 613a, Rdnr. 40
[342] Nicolai A., 2006, Rdnr. 231
[343] Kock M., 2007, S. 22
[344] Küttner W., 2008, S. 882
[345] Nicolai A., 2006, Rdnr. 232
[346] Küttner W., 2008, S. 882
[347] Nicolai A., 2006, S. 100
[348] Nicolai A., 2006, Rdnr. 234
[349] Nicolai A., 2006, Rdnr. 235

- Es muss eine dreiseitige vertragliche Vereinbarung zwischen dem Arbeitnehmer, Veräußerer und Erwerber geschlossen werden.[350] „Zweiseitige vertragliche Vereinbarungen" sind allerdings nie zulässig, egal zwischen wem sie besteht, denn sie würde denjenigen, der von der Vereinbarung außen vorgelassen wurde, unverhältnismäßig belasten.

- Der Arbeitnehmer kann seine Widerspruchserklärung anfechten, allerdings müssen hierfür die allgemeinen Voraussetzungen für eine Anfechtung vorliegen. Für den Arbeitnehmer ist es deswegen wichtig, dass ein sog. Anfechtungsgrund nach § 119 BGB (Inhalts- oder Erklärungsirrtum, wobei man sich aber nicht auf Rechtsfolgenirrtümer berufen kann) oder § 123 BGB (arglistige Täuschung bzw. widerrechtliche Drohung) vorhanden ist.[351]

5.6.4 Folgen eines wirksam ausgeübten Widerspruchsrechts

Kein Übergang des Arbeitsverhältnisses

Mittels eines fristgerechten und wirksamen Widerspruchs verhindert der Arbeitnehmer einen Übergang seines Arbeitsverhältnisses; es verbleibt beim Veräußerer.[352] Allerdings trägt er das Risiko einer betriebsbedingten Kündigung, sofern es beim Veräußerer keine Weiterbeschäftigungsmöglichkeit gibt.[353]

Zulässigkeit betriebsbedingter Kündigungen nach Widerspruch eines Arbeitnehmers

Vielfach beschäftigt Betriebsveräußerer die Frage, ob sie jenen Arbeitnehmern eine (ordentliche) betriebsbedingte Kündigung aussprechen können, die gegen den Übergang ihres Arbeitsverhältnisses Widerspruch eingelegt haben. Generell kann die Frage bejaht werden, allerdings sind für diese Kündigungen grundsätzlich dieselben Regeln anzuwenden wie für andere Kündigungen. Demzufolge müssen erst einmal die Kündigungsfristen eingehalten werden, selbst wenn es keine Möglichkeit gibt, den widersprechenden Arbeitnehmer zu beschäftigen.[354]

Nach § 102 Abs. 1 BetrVG muss auch der Betriebsrat vor der Kündigung angehört werden. Wird jedoch ein ganzer Betrieb auf den Erwerber übertragen, ist der Veräußerer nicht verpflichtet, vor einer (betriebsbedingten) Kündigung nach der bisherigen BAG-Rechtsprechung den mit dem Betrieb übergegangenen Betriebsrat anzuhören, weil dieser für die Arbeitnehmer keine Verantwortlichkeiten mehr hat. Ebenso erhält auch ein anderer (Gesamt-)Betriebsrat nicht die Zuständigkeit. Mittlerweile denkt man aber darüber nach, ob man den Arbeitnehmer nicht vielleicht einem anderen Betrieb zuteilen muss, in dem ein Betriebsrat existiert.[355] Es ist deshalb ratsam, den widersprechenden Arbeitnehmer einem anderen Betrieb zuzuteilen um dann, bevor man ihm die betriebsbedingte Kündigung ausspricht, den dort vorhandenen Betriebsrat anzuhören.[356]

---

[350] Küttner W., 2008, S. 882
[351] Nicolai A., 2006, Rdnr. 235
[352] Palandt Bürgerliches Gesetzbuch, 65. Auflage, § 613a, Rdnr. 53
[353] Kock M., 2007, S. 25
[354] Nicolai A., 2006, Rdnr. 237
[355] Nicolai A., 2006, Rdnr. 238
[356] Nicolai A., 2006, S. 102

Durch § 1 KSchG hat der Arbeitgeber darüber hinaus gegenüber dem Arbeitnehmer die Pflicht, ihn wenn möglich an einem anderen freien Arbeitsplatz (dieser darf sich auch in einem anderen Betriebsteil des Unternehmens befinden) weiter zu beschäftigen.[357] Erfolgt ein Betriebsübergang, muss der Arbeitgeber davon ausgehen, dass Arbeitnehmer ihren Widerspruch erklären. Er darf die dadurch freiwerdenden Arbeitsplätze während der einmonatigen Widerspruchsfrist nicht ohne Weiteres neu besetzen und sich dann gegenüber jenen Arbeitnehmern, die Widerspruch eingelegt haben, darauf beziehen. Genießt der widersprechende Arbeitnehmer einen besonderen Kündigungsschutz weil er z.B. Mitglied des Betriebsrats ist, hat der Arbeitgeber unter gewissen Voraussetzungen sogar die Pflicht, einen Arbeitsplatz für diesen Beschäftigten „frei zu kündigen".[358]

Der Sachverhalt ist jedoch anders zu beurteilen, wenn der Arbeitsplatz des oder der widersprechenden Arbeitnehmer wegfällt, dieser oder diese aber mit anderen Beschäftigten gleichgestellt werden kann bzw. können und es aus diesem Grund erforderlich ist, eine Sozialauswahl durchzuführen. Bedeutung hat dies aber nur bei einem Betriebsteilübergang, weil die durchzuführende Sozialauswahl generell nicht auf ein Unternehmen sondern auf einen Betrieb zu erstrecken ist.[359]

Der Arbeitgeber wird nicht deshalb von seiner Pflicht zur Sozialauswahl befreit, nur weil seine Arbeitnehmer von ihrem Widerspruchsrecht Gebrauch gemacht haben. Die Rechtsprechung sagte aber früher, dass bei der Prüfung der sozialen Gesichtspunkte dennoch die Gründe für den Widerspruch beachtet werden müssen.[360] Die Widerspruchsgründe mussten allerdings umso ausschlaggebender bzw. gravierender sein, je weniger Unterschiede es in der in der sozialen Schutzwürdigkeit der zu berücksichtigenden Arbeitnehmer gibt.[361] Sollte der widersprechende Arbeitnehmer im Vergleich zu seinen Kollegen nur unwesentlich schutzwürdiger sein, musste sein Widerspruch dadurch gerechtfertigt sein, dass er berechtigte, konkrete Ängste äußert, in Kürze seinen Arbeitsplatz zu verlieren oder demnächst massiv verschlechterte Arbeitbedingungen beim Erwerber zu erwarten hat. Waren die Unterschiede in der sozialen Schutzwürdigkeit größer, genügte es, dass er diese Tatsachen bloß zu erwarten hatte.[362]

Das BAG vertritt seit seiner Entscheidung vom 31.05.2007 (Az.: 2 AZR 276/06) eine neue Ansicht und bezieht hierbei die seit 01.01.2004 in Kraft getretene (Neu-) Fassung des § 1 Abs. 3 KSchG mit ein. In dieser Neufassung wurde die Sozialauswahl auf die vier Kriterien Dauer der Betriebszugehörigkeit, Lebensalter, Unterhaltspflichten und Schwerbehinderung begrenzt. Nach Meinung des BAG handelt es sich dabei um eine abschließende Aufzählung.[363]

---

[357] Bütefisch W., 2000, S. 341
[358] Nicolai A., 2006, Rdnr. 239
[359] Nicolai A., 2006, Rdnr. 240
[360] Nicolai A., 2006, Rdnr. 241
[361] Preis, Erfurter Kommentar zum Arbeitsrecht, 2008, Rdnr 108
[362] Nicolai A., 2006, Rdnr. 241
[363] Lang T., 2008, S. 2

Dadurch ist es unmöglich, bei einer Sozialauswahl andere Gründe (auch solche für einen Widerspruch) mit einfließen zu lassen. Der Gesetzgeber hat die Sozialauswahl deswegen auf 4 Kriterien beschränkt, um hierfür mehr Rechtssicherheit zu schaffen. Würden allgemeine Wertungen, z.B. die Gründe für den Widerspruch, in der Sozialauswahl mit berücksichtigt werden, würde das Ziel des Gesetzgebers seinen Zweck verfehlen, denn so würden wieder Begebenheiten mit einfließen, die der § 1 Abs. 3 KSchG nicht berücksichtigt und die nicht leicht „zu handhaben" sind. Außerdem ist der Arbeitnehmer nicht verpflichtet, seinen Widerspruch zu begründen und es muss dafür auch keine sachlich gerechtfertigten Gründe geben. Es sei nicht zulässig, dass Widerspruchsrecht des Arbeitnehmers zu diffamieren, indem mittels einer späteren Kündigung bzw. einer dann daraus folgenden Sozialauswahl gefordert wird, zu zuvor rechtmäßigem Verhalten Stellung zu nehmen. Aus diesem Grund ist es (selbst über § 1 Abs. 3 Satz 2 KSchG) generell nicht erlaubt, bei einer Sozialauswahl die Gründe mit einzubeziehen, anlässlich derer der Arbeitnehmer dem Betriebs(teil)übergang widersprochen hat.

Durch die überholte Rechtsprechung entsteht Rechtssicherheit. Einem Betriebsübergang widersprechende Arbeitnehmer sind bei einer Sozialauswahl bei ihrem alten Arbeitgeber genau so „zu behandeln", als würde kein Betriebsübergang vollzogen werden. Dies bedeutet also, dass nur die vier Kriterien Dauer der Betriebszugehörigkeit, Lebensalter, Unterhaltspflichten und Schwerbehinderung herangezogen werden dürfen.[364]

Annahmeverzugslohn nach Kündigung

Ist dem widersprechenden Arbeitnehmer gekündigt worden und gibt es bei seinem früheren Arbeitgeber keine Weiterbeschäftigungsmöglichkeit, weil sein Arbeitsplatz wegrationalisiert wurde.[365], ist es möglich, dem widersprechenden Arbeitnehmer den Annahmeverzugslohnanspruch zu mindern oder ganz streichen,[366] wenn er es abgelehnt hat, beim Erwerber ungeachtet eines gleichwertigen und zumutbaren Angebots weiterbeschäftigt zu werden.

Bevor der Veräußerer dem widersprechenden Arbeitnehmer also Annahmeverzugslohn bezahlt, sollte er beim Erwerber nachfragen, ob dieser jenem Arbeitnehmer eine Weiterbeschäftigung angeboten hat.[367]

---

[364] Lang T., 2008, S. 2
[365] www.wahl-unternehmensberatung.de/News/Personalfragen/Personalfragen_8/personalfragen_8.html
[366] Nicolai A., 2006, Rdnr. 242
[367] Nicolai A., 2006, S. 103

6. Zusammenfassung

In Deutschland waren die Rechte der Arbeitnehmer bereits vor Inkrafttreten der RL 77/187/EWG geschützt. Bevor 1972 § 613a BGB in Kraft trat, gab es zum Betriebsübergang keine eigene gesetzliche Regelung. Auf verschiedene Art und Weise bemühte man sich immer wieder darum, einen Betriebsübergang rechtlich zu beurteilen. Doch keiner dieser Versuche konnte überzeugen.

Somit wurde in Deutschland relativ bald die Notwendigkeit des Schutzes der Arbeitnehmerrechte erkannt. Es wurde jedoch erst durch die Einführung des § 613a BGB möglich, diesen Schutz zu realisieren, denn zuvor fehlte jegliche Grundlage. § 613a BGB schützt die Arbeitnehmer nun vor dem Verlust ihrer Arbeitsplätze auf Grund eines Betriebsübergangs. Zuerst war in § 613a BGB kein Kündigungsschutz vorgesehen, dennoch waren die Arbeitnehmer vor Kündigungen auf Grund eines Betriebsübergangs ausreichend geschützt, da die Rechtsprechung der Ansicht war, dass solche Kündigungen nicht wirksam seien und eine unzulässige Umgehung des § 613a BGB darstellen würden.

In Deutschland waren die einzelarbeitsrechtlichen Arbeitnehmerrechte also überwiegend schon vor Umsetzung der RL 77/187/EWG gesichert. Lediglich kollektivrechtliche Vereinbarungen mussten noch geschützt werden.

Die EuGH-Rechtsprechung zur Funktionsnachfolge in den Fällen Christel Schmidt, Ole Rygaard./.Strø Mølle, Albert Merckx und Ayşe Süzen hatte zur Folge, dass die europäischen Mitgliedstaaten ihre bisherige Rechtsprechung teilweise grundlegend ändern mussten.

In Großbritannien genügte es nicht, dass eine reine Funktion übergeht, damit der Übergang eines laufenden Unternehmens vorliegt und somit der TU(P)E angewendet werden kann. Nach der Christel-Schmidt-Entscheidung änderte der Court of Appeal seine Ansicht entsprechend dieser Entscheidung. Nach der Ayşe-Süzen-Entscheidung des EuGH musste Großbritannien seine Rechtsprechung wieder ändern. Der TU(P)E ist nun weder in einem Fall des Outsourcings noch der Auftragsnachfolge anwendbar, wenn keine Betriebsmittel und kein Personal übernommen werden.

Sowohl Dänemark als auch Frankreich standen zwischen der Christel-Schmidt und Ayşe-Süzen-Entscheidung kurzzeitig in Widerspruch zum EuGH. In beiden Ländern war man seit jeher der Ansicht, dass eine reine Funktionsnachfolge nicht genügt, um das Gesetz vom 21. März 1979 (Dänemark) bzw. Art. L 122-12II C.T. (Frankreich) anzuwenden und diese Meinung änderte man auch nicht. Seit der Ayşe-Süzen-Entscheidung ist diese Ansicht aber in Einklang mit dem europäischen Recht.

Auch Deutschland war wie Dänemark und Frankreich der Auffassung, dass eine bloße Funktionsnachfolge nicht als Betriebsübergang i.S.d. § 613a BGB gewertet werden kann. Das BAG urteilte aber nach der Christel-Schmidt-Entscheidung unter größten Schwierigkeiten gelegentlich entsprechend dieser Entscheidung. Nach der Ayşe-Süzen-Entscheidung war es den deutschen Gerichten möglich, an ihrer bisherigen Rechtsprechung festzuhalten und eine reine Funktionsnachfolge nicht als Betriebsübergang im Sinne von § 613a BGB zu bewerten.

Damit heute in Deutschland ein Betriebsübergang gem. § 613a BGB vorliegt, müssen folgende Tatbestände erfüllt sein:

- *Übergang eines Betriebs oder Betriebsteils*
- *Übergang durch Rechtsgeschäft*
- *Übergang auf einen neuen Inhaber*
- *Zeitpunkt des Übergangs*

Ein Betriebsübergang hat zur Folge, dass der Erwerber des Betriebes oder Betriebsteils in die Rechte und Pflichten des bisherigen Arbeitgebers eintritt. Ferner gehen auf den Erwerber die einzelvertraglichen Rechte und Pflichten über, Betriebsvereinbarungen des übergehenden Betriebs werden in das Arbeitsverhältnis transformiert und die Rechte und Pflichten aus den Tarifverträgen, die beim bisherigen Betriebsinhaber Geltung hatten, werden nach dem Betriebsübergang Inhalt des Arbeitsverhältnisses zwischen dem neuen Inhaber und dem Arbeitnehmer.

Ferner regelt § 613a BGB, dass der Betriebserwerber für die Ansprüche der übernommenen Arbeitnehmer haften muss, wohingegen der Veräußerer für alle Ansprüche, die erst nach dem Betriebsübergang entstehen, eine weitestgehende Enthaftung erfährt.

In § 613a BGB ist außerdem festgelegt, dass Kündigungen, die wegen eines Betriebsübergangs ausgesprochen werden, unwirksam sind. Es wird aber auch ausdrücklich erwähnt, dass nach wie vor auch Kündigungen aus anderen Gründen möglich sind.

Damit der Arbeitnehmer sachgerecht entscheiden kann, ob er den Übergang seines Arbeitsverhältnisses durch einen Widerspruch abwenden möchte oder nicht, sieht § 613a BGB vor, dass er über die Voraussetzungen und Auswirkungen des nahenden Betriebsübergangs in Kenntnis gesetzt werden muss. Zu unterrichten hat der Arbeitgeber über den Zeitpunkt oder geplanter Zeitpunkt des Übergangs, den Grund für den Betriebsübergang, die Folgen für die Arbeitnehmer und die in Aussicht genommene Maßnahmen.

Arbeitnehmern wird in § 613a BGB ein Widerspruchsrecht zugesprochen. Erklärt der Arbeitnehmer seinen Widerspruch, handelt es sich hierbei um eine Willenserklärung, die nicht einfach so wieder beseitigt werden kann, sollte er es sich nach seinem Widerspruch doch noch einmal anders überlegen. Ein Widerspruch kann also nicht wieder zurückgezogen werden; der Arbeitnehmer ist an seinen Widerspruch gebunden.

Ein Widerspruch hat zur Folge, dass das Arbeitsverhältnis nicht übergeht, dass eine betriebsbedingte Kündigung zulässig ist und dass der Annahmeverzugslohn gemindert oder ganz gestrichen werden kann.

Wie aus den Ausführungen in der vorliegenden Arbeit ersichtlich wurde, gibt es zum Betriebsübergang noch sehr viele ungeklärte Fragen und Unsicherheiten. Daher wird es in der Zukunft noch zahlreiche weitere Urteile zum Betriebsübergang geben. Die diesbezügliche Rechtsprechung darf gespannt erwartet werden.

Anhang

Anhang I: Die Sieben-Punkte-Prüfung nach der Rechtsprechung des EuGH

DIE SIEBEN-PUNKTE-PRÜFUNG NACH DER RECHTSPRECHUNG DES EUGH

1. Art des Unternehmens
2. Übergang oder Nichtübergang der materiellen Betriebsmittel
3. Übergang und Wert der immateriellen Betriebsmittel
4. Übernahme oder Nichtübernahme der Hauptbelegschaft
5. Übernahme oder Nichtübernahme der Kundschaft
6. Ähnlichkeit der Tätigkeit vor und nach dem Übergang
7. Dauer einer möglichen Unterbrechung der Geschäftstätigkeit

→ GESAMTBEWERTUNG!

---

aus: Bernsau G./Dreher D./ Hauck F., 2008, Rdnr. 40

Anhang II: § 613a BGB

§ 613a
Rechte und Pflichten bei Betriebsübergang

(1) Geht ein Betrieb oder Betriebsteil durch Rechtsgeschäft auf einen anderen Inhaber über, so tritt dieser in die Rechte und Pflichten aus den im Zeitpunkt des Übergangs bestehenden Arbeitsverhältnissen ein. Sind diese Rechte und Pflichten durch Rechtsnormen eines Tarifvertrags oder durch eine Betriebsvereinbarung geregelt, so werden sie Inhalt des Arbeitsverhältnisses zwischen dem neuen Inhaber und dem Arbeitnehmer und dürfen nicht vor Ablauf eines Jahres nach dem Zeitpunkt des Übergangs zum Nachteil des Arbeitnehmers geändert werden. Satz 2 gilt nicht, wenn die Rechte und Pflichten bei dem neuen Inhaber durch Rechtsnormen eines anderen Tarifvertrags oder durch eine andere Betriebsvereinbarung geregelt werden. Vor Ablauf der Frist nach Satz 2 können die Rechte und Pflichten geändert werden, wenn der Tarifvertrag oder die Betriebsvereinbarung nicht mehr gilt oder bei fehlender beiderseitiger Tarifgebundenheit im Geltungsbereich eines anderen Tarifvertrags dessen Anwendung zwischen dem neuen Inhaber und dem Arbeitnehmer vereinbart wird.

(2) Der bisherige Arbeitgeber haftet neben dem neuen Inhaber für Verpflichtungen nach Absatz 1, soweit sie vor dem Zeitpunkt des Übergangs entstanden sind und vor Ablauf von einem Jahr nach diesem Zeitpunkt fällig werden, als Gesamtschuldner. Werden solche Verpflichtungen nach dem Zeitpunkt des Übergangs fällig, so haftet der bisherige Arbeitgeber für sie jedoch nur in dem Umfang, der dem im Zeitpunkt des Übergangs abgelaufenen Teil ihres Bemessungszeitraums entspricht.
(3) Absatz 2 gilt nicht, wenn eine juristische Person oder eine Personenhandelsgesellschaft durch Umwandlung erlischt.

(4) Die Kündigung des Arbeitsverhältnisses eines Arbeitnehmers durch den bisherigen Arbeitgeber oder durch den neuen Inhaber wegen des Übergangs eines Betriebs oder eines Betriebsteils ist unwirksam. Das Recht zur Kündigung des Arbeitsverhältnisses aus anderen Gründen bleibt unberührt.

(5) Der bisherige Arbeitgeber oder der neue Inhaber hat die von einem Übergang betroffenen Arbeitnehmer vor dem Übergang in Textform zu unterrichten über:
1. den Zeitpunkt oder den geplanten Zeitpunkt des Übergangs,
2. den Grund für den Übergang
3. die rechtlichen, wirtschaftlichen und sozialen Folgen des Übergangs für die Arbeitnehmer und
4. die hinsichtlich der Arbeitnehmer in Aussicht genommenen Maßnahmen

(6) Der Arbeitnehmer kann dem Übergang des Arbeitsverhältnisses innerhalb eines Monats nach Zugang der Unterrichtung nach Absatz 5 schriftlich widersprechen. Der Widerspruch kann gegenüber dem bisherigen Arbeitgeber oder dem neuen Inhaber erklärt werden.

Anhang III: RL 77/187/EWG

Richtlinie 77/187/EWG des Rates vom 14. Februar 1977 zur Angleichung der Rechtsvorschriften der Mitgliedstaaten über die Wahrung von Ansprüchen der Arbeitnehmer beim Übergang von Unternehmen, Betrieben oder Betriebsteilen

Amtsblatt Nr. L 061 vom 05/03/1977 S. 0026 - 0028
Finnische Sonderausgabe: Kapitel 5 Band 2 S. 0091
Griechische Sonderausgabe: Kapitel 05 Band 2 S. 0171
Schwedische Sonderausgabe: Kapitel 5 Band 2 S. 0091
Spanische Sonderausgabe: Kapitel 05 Band 2 S. 0122
Portugiesische Sonderausgabe: Kapitel 05 Band 2 S. 0122

RICHTLINIE DES RATES vom 14. Februar 1977 zur Angleichung der Rechtsvorschriften der Mitgliedstaaten über die Wahrung von Ansprüchen der Arbeitnehmer beim Übergang von Unternehmen, Betrieben oder Betriebsteilen (77/187/EWG)

DER RAT DER EUROPÄISCHEN GEMEINSCHAFTEN -

gestützt auf den Vertrag zur Gründung der Europäischen Wirtschaftsgemeinschaft, insbesondere auf Artikel 100,

auf Vorschlag der Kommission,

nach Stellungnahme des Europäischen Parlaments (1),

nach Stellungnahme des Wirtschafts- und Sozialausschusses (2),

in Erwägung nachstehender Gründe:

Die wirtschaftliche Entwicklung führt auf einzelstaatlicher und gemeinschaftlicher Ebene zu Änderungen in den Unternehmensstrukturen, die sich unter anderem aus dem Übergang von Unternehmen, Betrieben oder Betriebsteilen auf einen anderen Inhaber durch vertragliche Übertragung oder durch Verschmelzung ergeben.

Es sind Bestimmungen notwendig, die die Arbeitnehmer bei einem Inhaberwechsel schützen und insbesondere die Wahrung ihrer Ansprüche gewährleisten.

Zwischen den Mitgliedstaaten bestehen in Bezug auf den Umfang des Arbeitnehmerschutzes auf diesem Gebiet weiterhin Unterschiede, die verringert werden sollten.

Diese Unterschiede können sich auf das Funktionieren des Gemeinsamen Marktes unmittelbar auswirken.

Daher muss auf die Angleichung der Rechtsvorschriften in diesem Bereich auf dem Wege des Fortschritts im Sinne des Artikels 117 des Vertrages hingewirkt werden -

HAT FOLGENDE RICHTLINIE ERLASSEN:

TEIL I Anwendungsbereich und Begriffsbestimmungen

Artikel 1

(1) Diese Richtlinie ist auf den Übergang von Unternehmen, Betrieben oder Betriebsteilen auf einen anderen Inhaber durch vertragliche Übertragung oder durch Verschmelzung anwendbar.

(2) Diese Richtlinie ist anwendbar, wenn und soweit sich das Unternehmen, der Betrieb oder der Betriebsteil, das bzw. der übergeht, innerhalb des territorialen Geltungsbereichs des Vertrages befindet.

(3) Diese Richtlinie gilt nicht für Seeschiffe.

Artikel 2

Im Sinne dieser Richtlinie gelten folgende Begriffsbestimmungen: a) Veräußerer ist jede natürliche oder juristische Person, die auf Grund eines Übergangs im Sinne des Artikels 1 Absatz 1 als Inhaber aus dem Unternehmen, Betrieb oder Betriebsteil ausscheidet.

b) Erwerber ist jede natürliche oder juristische Person, die auf Grund eines Übergangs im Sinne des Artikels 1 Absatz 1 als Inhaber in das Unternehmen, den Betrieb oder Betriebsteil eintritt.

c) Vertreter der Arbeitnehmer sind die Arbeitnehmervertreter nach den Rechtsvorschriften oder der Praxis der Mitgliedstaaten, mit Ausnahme der Mitglieder der Verwaltungs-, Leitungs- oder Aufsichtsorgane von Gesellschaften, die diesen Organen in bestimmten Mitgliedstaaten als Arbeitnehmervertreter angehören. (1)ABl. Nr. C 95 vom 28.4.1975, S. 17. (2)ABl. Nr. C 255 vom 7.11.1975, S. 25.

TEIL II Wahrung der Ansprüche der Arbeitnehmer

Artikel 3

(1) Die Rechte und Pflichten des Veräußerers aus einem zum Zeitpunkt des Übergangs im Sinne des Artikels 1 Absatz 1 bestehenden Arbeitsvertrag oder Arbeitsverhältnis gehen auf Grund des Übergangs auf den Erwerber über.

Die Mitgliedstaaten können vorsehen, dass der Veräußerer auch nach dem Übergang im Sinne des Artikels 1 Absatz 1 neben dem Erwerber für Pflichten aus einem Arbeitsvertrag oder Arbeitsverhältnis einzustehen hat.

(2) Nach dem Übergang im Sinne des Artikels 1 Absatz 1 erhält der Erwerber die in einem Kollektivvertrag vereinbarten Arbeitsbedingungen bis zu der Kündigung oder dem Ablauf des Kollektivvertrags bzw. bis zum Inkrafttreten oder bis zur Anwendung eines anderen Kollektivvertrags in dem gleichen Masse aufrecht, wie sie in dem Kollektivvertrag für den Veräußerer vorgesehen waren.

Die Mitgliedstaaten können den Zeitraum der Aufrechterhaltung der Arbeitsbedingungen begrenzen, sofern dieser nicht weniger als ein Jahr beträgt.

(3) Die Absätze 1 und 2 gelten nicht für die Rechte der Arbeitnehmer auf Leistungen bei Alter, bei Invalidität oder für Hinterbliebene aus betrieblichen oder überbetrieblichen Zusatzversorgungseinrichtungen außerhalb der gesetzlichen Systeme der sozialen Sicherheit der Mitgliedstaaten.

Die Mitgliedstaaten treffen die notwendigen Maßnahmen zum Schutz der Interessen der Arbeitnehmer sowie der Personen, die zum Zeitpunkt des Übergangs im Sinne des Artikels 1 Absatz 1 bereits aus dem Betrieb des Veräußerers ausgeschieden sind, hinsichtlich ihrer Rechte oder Anwartschaftsrechte auf Leistungen bei Alter, einschließlich Leistungen für Hinterbliebene, aus den in Unterabsatz 1 genannten Zusatzversorgungseinrichtungen.

Artikel 4

(1) Der Übergang eines Unternehmens, Betriebes oder Betriebsteils stellt als solcher für den Veräußerer oder den Erwerber keinen Grund zur Kündigung dar. Diese Bestimmung steht etwaigen Kündigungen aus wirtschaftlichen, technischen oder organisatorischen Gründen, die Änderungen im Bereich der Beschäftigung mit sich bringen, nicht entgegen.

Die Mitgliedstaaten können vorsehen, dass Unterabsatz 1 auf einige abgegrenzte Gruppen von Arbeitnehmern, auf die sich die Rechtsvorschriften oder die Praxis der Mitgliedstaaten auf dem Gebiet des Kündigungsschutzes nicht erstrecken, keine Anwendung findet.

(2) Kommt es zu einer Beendigung des Arbeitsvertrags oder Arbeitsverhältnisses, weil der Übergang im Sinne des Artikels 1 Absatz 1 eine wesentliche Änderung der Arbeitsbedingungen zum Nachteil des Arbeitnehmers zur Folge hat, so ist davon auszugehen, dass die Beendigung des Arbeitsvertrags oder Arbeitsverhältnisses durch den Arbeitgeber erfolgt ist.

Artikel 5

(1) Sofern der Betrieb seine Selbständigkeit behält, bleiben die Rechtsstellung und die Funktion der Vertreter oder der Vertretung der vom Übergang im Sinne des Artikels 1 Absatz 1 betroffenen Arbeitnehmer erhalten, wie sie in den Rechts- und Verwaltungsvorschriften der Mitgliedstaaten vorgesehen sind.

Unterabsatz 1 findet keine Anwendung, wenn gemäß den Rechts- und Verwaltungsvorschriften oder der Praxis der Mitgliedstaaten die Bedingungen für die Neubestellung der Vertreter der Arbeitnehmer oder die Neubildung der Vertretung der Arbeitnehmer erfüllt sind.

(2) Erlischt das Mandat der Vertreter der vom Übergang im Sinne des Artikels 1 Absatz 1 betroffenen Arbeitnehmer auf Grund des Übergangs, so gelten für diese Vertreter weiterhin die nach den Rechts- und Verwaltungsvorschriften oder der Praxis der Mitgliedstaaten vorgesehenen Schutzmaßnahmen.

TEIL III Information und Konsultation

Artikel 6

(1) Der Veräußerer und der Erwerber sind verpflichtet, die Vertreter der jeweiligen von einem Übergang im Sinne des Artikels 1 Absatz 1 betroffenen Arbeitnehmer über folgendes zu informieren: - den Grund für den Übergang,

- die rechtlichen, wirtschaftlichen und sozialen Folgen des Übergangs für die Arbeitnehmer,

- die hinsichtlich der Arbeitnehmer in Aussicht genommenen Maßnahmen.

Der Veräußerer ist verpflichtet, den Vertretern seiner Arbeitnehmer diese Informationen rechtzeitig vor dem Vollzug des Übergangs zu übermitteln.

Der Erwerber ist verpflichtet, den Vertretern seiner Arbeitnehmer diese Informationen rechtzeitig zu übermitteln, auf jeden Fall aber bevor diese Arbeitnehmer von dem Übergang hinsichtlich ihrer Beschäftigungs- und Arbeitsbedingungen unmittelbar betroffen werden.

(2) Ziehen der Veräußerer bzw. der Erwerber Maßnahmen hinsichtlich ihrer jeweiligen Arbeitnehmer in Betracht, so sind sie verpflichtet, die Vertreter ihrer jeweiligen Arbeitnehmer rechtzeitig zu diesen Maßnahmen zu konsultieren, um eine Übereinkunft anzustreben.

(3) Die Mitgliedstaaten, deren Rechts- und Verwaltungsvorschriften vorsehen, dass die Vertreter der Arbeitnehmer eine Schiedsstelle anrufen können, um eine Entscheidung über hinsichtlich der Arbeitnehmer zu treffende Maßnahmen zu erhalten, können die Verpflichtungen gemäß den Absätzen 1 und 2 auf den Fall beschränken, in dem der vollzogene Übergang eine Betriebsänderung hervorruft, die wesentliche Nachteile für einen erheblichen Teil der Arbeitnehmer zur Folge haben kann.

Die Information und die Konsultation müssen sich zumindest auf die hinsichtlich der Arbeitnehmer in Aussicht genommenen Maßnahmen erstrecken.

Die Information und die Konsultation müssen rechtzeitig vor dem Vollzug der in Unterabsatz 1 genannten Betriebsänderung erfolgen.

(4) Die Mitgliedstaaten können die in den Absätzen 1, 2 und 3 vorgesehenen Verpflichtungen auf Unternehmen oder Betriebe beschränken, die hinsichtlich der Zahl der beschäftigten Arbeitnehmer die Voraussetzungen für die Wahl oder Bestellung eines Kollegiums als Arbeitnehmervertretung erfüllen.

(5) Die Mitgliedstaaten können vorsehen, dass die betreffenden Arbeitnehmer für den Fall, dass es in einem Unternehmen oder in einem Betrieb keine Vertreter der Arbeitnehmer gibt, vorher über den unmittelbar bevorstehenden Übergang im Sinne des Artikels 1 Absatz 1 zu informieren sind.

TEIL IV Schlussbestimmungen

Artikel 7

Diese Richtlinie schränkt nicht die Möglichkeit der Mitgliedstaaten ein, für die Arbeitnehmer günstigere Rechts- oder Verwaltungsvorschriften anzuwenden oder zu erlassen.

Artikel 8

(1) Die Mitgliedstaaten setzen die erforderlichen Rechts- und Verwaltungsvorschriften in Kraft, um dieser Richtlinie binnen zwei Jahren nach ihrer Bekanntgabe nachzukommen, und unterrichten hiervon unverzüglich die Kommission.

(2) Die Mitgliedstaaten teilen der Kommission den Wortlaut der Rechts- und Verwaltungsvorschriften mit, die sie auf dem unter diese Richtlinie fallenden Gebiet erlassen.

Artikel 9

Innerhalb von zwei Jahren nach Ablauf der in Artikel 8 genannten Frist von zwei Jahren übermitteln die Mitgliedstaaten der Kommission alle zweckdienlichen Angaben, damit die Kommission für den Rat einen Bericht über die Anwendung dieser Richtlinie erstellen kann.

Artikel 10

Diese Richtlinie ist an die Mitgliedstaaten gerichtet.

Geschehen zu Brüssel am 14. Februar 1977.

Im Namen des Rates

Der Präsident

J. SILKIN

Anhang IV: RL 98/50/EG

Richtlinie 98/50/EG des Rates vom 29. Juni 1998 zur Änderung der Richtlinie 77/187/EWG zur Angleichung der Rechtsvorschriften der Mitgliedstaaten über die Wahrung von Ansprüchen der Arbeitnehmer beim Übergang von Unternehmen, Betrieben oder Betriebsteilen

Amtsblatt Nr. L 201 vom 17/07/1998 S. 0088 - 0092

RICHTLINIE 98/50/EG DES RATES vom 29. Juni 1998 zur Änderung der Richtlinie 77/187/EWG zur Angleichung der Rechtsvorschriften der Mitgliedstaaten über die Wahrung von Ansprüchen der Arbeitnehmer beim Übergang von Unternehmen, Betrieben oder Betriebsteilen

DER RAT DER EUROPÄISCHEN UNION -

gestützt auf den Vertrag zur Gründung der Europäischen Gemeinschaft, insbesondere auf Artikel 100,

auf Vorschlag der Kommission (1),

nach Stellungnahme des Europäischen Parlaments (2),

nach Stellungnahme des Wirtschafts- und Sozialausschusses (3),

nach Stellungnahme des Ausschusses der Regionen (4),

in Erwägung nachstehender Gründe:

(1) In der am 9. Dezember 1989 verabschiedeten Gemeinschaftscharta der sozialen Grundrechte der Arbeitnehmer (Sozialcharta) wird unter Nummer 7, Nummer 17 und Nummer 18 insbesondere folgendes festgestellt: "Die Verwirklichung des Binnenmarktes muss zu einer Verbesserung der Lebens- und Arbeitsbedingungen der Arbeitnehmer in der Europäischen Gemeinschaft führen. Diese Verbesserung muss, soweit nötig, dazu führen, dass bestimmte Bereiche des Arbeitsrechts, wie die Verfahren bei Massenentlassungen oder bei Konkursen, ausgestattet werden. Unterrichtung, Anhörung und Mitwirkung der Arbeitnehmer müssen in geeigneter Weise, unter Berücksichtigung der in den verschiedenen Mitgliedstaaten herrschenden Gepflogenheiten, weiterentwickelt werden. Unterrichtung, Anhörung und Mitwirkung sind rechtzeitig vorzusehen, vor allem bei der Umstrukturierung oder Verschmelzung von Unternehmen, wenn dadurch die Beschäftigung der Arbeitnehmer berührt wird."

(2) In der Richtlinie 77/187/EWG (5) wird auf eine Harmonisierung der einschlägigen nationalen Rechtsvorschriften hinsichtlich der Wahrung der Ansprüche und Rechte der Arbeitnehmer hingewirkt; Veräußerer und Erwerber werden aufgefordert, die Vertreter der Arbeitnehmer rechtzeitig zu unterrichten und anzuhören.

(3) Ziel der vorliegenden Richtlinie ist die Überarbeitung der Richtlinie 77/187/EWG unter Berücksichtigung der Auswirkungen des Binnenmarktes, der Tendenzen in der Gesetzgebung der Mitgliedstaaten hinsichtlich der Sanierung von Unternehmen in wirtschaftlichen Schwierigkeiten, der Rechtsprechung des Gerichtshofs der Europäischen Gemeinschaften, der Richtlinie 75/129/EWG des Rates vom 17. Februar 1975 zur Angleichung der Rechtsvorschriften der Mitgliedstaaten über Massenentlassungen (6) sowie der bereits in den meisten Mitgliedstaaten geltenden gesetzlichen Normen.

(4) Aus Gründen der Rechtssicherheit und Transparenz ist es erforderlich, den juristischen Begriff des Übergangs unter Berücksichtigung der Rechtsprechung des Gerichtshofs zu klären. Durch diese Klärung wird der Anwendungsbereich der Richtlinie 77/187/EWG gemäß der Auslegung durch den Gerichtshof nicht geändert.

(5) Rechtssicherheit und Transparenz verlangen außerdem, dass im Lichte der Rechtsprechung des Gerichtshofs ausdrücklich vorgesehen wird, dass die Richtlinie 77/187/EWG für private und öffentliche Unternehmen, die Wirtschaftstätigkeiten ausüben, unabhängig davon gilt, ob sie Erwerbszwecke verfolgen oder nicht.

(6) Eine Klärung des Begriffs "Arbeitnehmer" ist im Lichte der Rechtsprechung des Gerichtshofs erforderlich.

(7) Im Hinblick auf die Sicherstellung des Überlebens zahlungsunfähiger Unternehmen ist den Mitgliedstaaten ausdrücklich zu gestatten, bei Übergängen im Rahmen eines Liquidationsverfahrens die Artikel 3 und 4 der Richtlinie 77/187/EWG nicht anzuwenden. Bestimmte Abweichungen von den allgemeinen Bestimmungen dieser Richtlinie sind im Fall von Übergängen zu gestatten, die im Rahmen von Verfahren wegen Zahlungsunfähigkeit erfolgen.

(8) Diese Abweichungen sollten auch einem Mitgliedstaat mit speziellen Verfahren zur Förderung des wirtschaftlichen Überlebens von Unternehmen gestattet werden, denen das Bestehen einer schwierigen wirtschaftlichen Lage bescheinigt wird.

(9) Es ist zu klären, unter welchen Umständen Funktion und Rechtsstellung der Vertreter der Arbeitnehmer zu wahren sind.

(10) Damit ähnliche Situationen in gleicher Weise behandelt werden, ist sicherzustellen, dass die in der Richtlinie 77/187/EWG festgelegten Verpflichtungen hinsichtlich der Unterrichtung und Anhörung unabhängig davon erfüllt werden, ob die zum Übergang führende Entscheidung vom Arbeitgeber oder von einem den Arbeitgeber beherrschenden Unternehmen getroffen wurde.

(11) Es sollte klargestellt werden, dass - wenn die Mitgliedstaaten Maßnahmen ergreifen, um sicherzustellen, dass der Erwerber über alle zu übertragenden Rechte und Pflichten unterrichtet wird - die Unterlassung dieser Unterrichtung die Übertragung der betreffenden Rechte und Pflichten nicht beeinträchtigt.

(12) Es ist zu präzisieren, unter welchen Umständen die Arbeitnehmer zu informieren sind, wenn es keine Arbeitnehmervertreter gibt.

(13) In der Sozialcharta wird die Bedeutung des Kampfes gegen alle Formen der Diskriminierung, insbesondere aufgrund von Geschlecht, Hautfarbe, Rasse, Meinung oder Glauben, gewürdigt -

HAT FOLGENDE RICHTLINIE ERLASSEN:

Artikel 1

Die Richtlinie 77/187/EWG wird wie folgt geändert:

1. Der Titel erhält folgende Fassung:

"Richtlinie 77/187/EWG des Rates vom 14. Februar 1977 zur Angleichung der Rechtsvorschriften der Mitgliedstaaten über die Wahrung von Ansprüchen der Arbeitnehmer beim Übergang von Unternehmen, Betrieben oder Unternehmens- oder Betriebsteilen".

2. Die Artikel 1 bis 7 erhalten folgende Fassung:

"TEIL I

Anwendungsbereich und Definitionen

Artikel 1

(1) a) Diese Richtlinie ist auf den Übergang von Unternehmen, Betrieben oder Unternehmens- bzw. Betriebsteilen auf einen anderen Inhaber durch vertragliche Übertragung oder durch Verschmelzung anwendbar.

b) Vorbehaltlich Buchstabe a) und der nachstehenden Bestimmungen dieses Artikels gilt als Übergang im Sinne dieser Richtlinie der Übergang einer ihre Identität bewahrenden wirtschaftlichen Einheit im Sinne einer organisierten Zusammenfassung von Ressourcen zur Verfolgung einer wirtschaftlichen Haupt- oder Nebentätigkeit.

c) Diese Richtlinie gilt für öffentliche und private Unternehmen, die eine wirtschaftliche Tätigkeit ausüben, unabhängig davon, ob sie Erwerbszwecke verfolgen oder nicht. Bei der Übertragung von Aufgaben im Zuge einer Umstrukturierung von Verwaltungsbehörden oder bei der Übertragung von Verwaltungsaufgaben von einer Behörde auf eine andere handelt es sich nicht um einen Übergang im Sinne dieser Richtlinie.

(2) Diese Richtlinie ist anwendbar, wenn und soweit sich das Unternehmen, der Betrieb oder der Unternehmens- bzw. Betriebsteil, das bzw. der übergeht, innerhalb des räumlichen Geltungsbereichs des Vertrages befindet.

(3) Diese Richtlinie gilt nicht für Seeschiffe.

Artikel 2

(1) Im Sinne dieser Richtlinie gelten folgende Begriffsbestimmungen:

a) "Veräußerer" ist jede natürliche oder juristische Person, die aufgrund eines Übergangs im Sinne von Artikel 1 Absatz 1 als Inhaber aus dem Unternehmen, dem Betrieb oder dem Unternehmens- bzw. Betriebsteil ausscheidet.

b) "Erwerber" ist jede natürliche oder juristische Person, die aufgrund eines Übergangs im Sinne von Artikel 1 Absatz 1 als Inhaber in das Unternehmen, den Betrieb oder den Unternehmens- bzw. Betriebsteil eintritt.

c) "Vertreter der Arbeitnehmer" oder ein entsprechender Ausdruck bezeichnet die Vertreter der Arbeitnehmer nach den Rechtsvorschriften oder der Praxis der Mitgliedstaaten.

d) "Arbeitnehmer" ist jede Person, die in dem betreffenden Mitgliedstaat aufgrund des einzelstaatlichen Arbeitsrechts geschützt ist.

(2) Diese Richtlinie lässt das einzelstaatliche Recht in Bezug auf die Begriffsbestimmung des Arbeitsvertrags oder des Arbeitsverhältnisses unberührt.

Die Mitgliedstaaten können jedoch vom Anwendungsbereich der Richtlinie Arbeitsverträge und Arbeitsverhältnisse nicht allein deshalb ausschließen, weil

a) nur eine bestimmte Anzahl von Arbeitsstunden geleistet wird oder zu leisten ist,

b) es sich um Arbeitsverhältnisse aufgrund eines befristeten Arbeitsvertrags im Sinne von Artikel 1 Nummer 1 der Richtlinie 91/383/EWG des Rates vom 25. Juni 1991 zur Ergänzung der Maßnahmen zur Verbesserung der Sicherheit und des Gesundheitsschutzes von Arbeitnehmern mit befristetem Arbeitsverhältnis oder Leiharbeitsverhältnis (*) handelt,

c) es sich um Leiharbeitsverhältnisse im Sinne von Artikel 1 Nummer 2 der Richtlinie 91/383/EWG und bei dem übertragenen Unternehmen oder dem übertragenen Betrieb oder Unternehmens- bzw. Betriebsteil als Verleihunternehmen oder Teil eines Verleihunternehmens um den Arbeitgeber handelt.

TEIL II

Wahrung der Ansprüche und Rechte der Arbeitnehmer

Artikel 3

(1) Die Rechte und Pflichten des Veräußerers aus einem zum Zeitpunkt des Übergangs bestehenden Arbeitsvertrag oder Arbeitsverhältnis gehen aufgrund des Übergangs auf den Erwerber über.

Die Mitgliedstaaten können vorsehen, dass der Veräußerer und der Erwerber nach dem Zeitpunkt des Übergangs gesamtschuldnerisch für die Verpflichtungen haften, die vor dem Zeitpunkt des Übergangs durch einen Arbeitsvertrag oder ein Arbeitsverhältnis entstanden sind, der bzw. das zum Zeitpunkt des Übergangs bestand.

(2) Die Mitgliedstaaten können geeignete Maßnahmen ergreifen, um zu gewährleisten, dass der Veräußerer den Erwerber über alle Rechte und Pflichten unterrichtet, die nach diesem Artikel auf den Erwerber übergehen, soweit diese dem Veräußerer zum Zeitpunkt des Übergangs bekannt waren oder bekannt sein mussten. Unterlässt der Veräußerer diese Unterrichtung des Erwerbers, so berührt diese Unterlassung weder den Übergang solcher Rechte und Pflichten noch die Ansprüche von Arbeitnehmern gegenüber dem Erwerber und/oder Veräußerer in Bezug auf diese Rechte und Pflichten.

(3) Nach dem Übergang erhält der Erwerber die in einem Kollektivvertrag vereinbarten Arbeitsbedingungen bis zur Kündigung oder zum Ablauf des Kollektivvertrags bzw. bis zum Inkrafttreten oder bis zur Anwendung eines anderen Kollektivvertrags in dem gleichen Maße aufrecht, wie sie in dem Kollektivvertrag für den Veräußerer vorgesehen waren.

Die Mitgliedstaaten können den Zeitraum der Aufrechterhaltung der Arbeitsbedingungen begrenzen, allerdings darf dieser nicht weniger als ein Jahr betragen.

(4) a) Sofern die Mitgliedstaaten nicht anderes vorsehen, gelten die Absätze 1 und 3 nicht für die Rechte der Arbeitnehmer auf Leistungen bei Alter, Invalidität oder für Hinterbliebene aus betrieblichen oder überbetrieblichen Zusatzversorgungseinrichtungen außerhalb der gesetzlichen Systeme der sozialen Sicherheit der Mitgliedstaaten.

b) Die Mitgliedstaaten treffen auch dann, wenn sie gemäß Buchstabe a) nicht vorsehen, dass die Absätze 1 und 3 für die unter Buchstabe a) genannten Rechte gelten, die notwendigen Maßnahmen zum Schutz der Interessen der Arbeitnehmer sowie der Personen, die zum Zeitpunkt des Übergangs bereits aus dem Betrieb des Veräußerers ausgeschieden sind, hinsichtlich ihrer Rechte oder Anwartschaftsrechte auf Leistungen bei Alter, einschließlich Leistungen für Hinterbliebene, aus den unter Buchstabe a) genannten Zusatzversorgungseinrichtungen.

Artikel 4

(1) Der Übergang eines Unternehmens, Betriebs oder Unternehmens bzw. Betriebsteils stellt als solcher für den Veräußerer oder den Erwerber keinen Grund zur Kündigung dar. Diese Bestimmung steht etwaigen Kündigungen aus wirtschaftlichen, technischen oder organisatorischen Gründen, die Änderungen im Bereich der Beschäftigung mit sich bringen, nicht entgegen.

Die Mitgliedstaaten können vorsehen, dass Unterabsatz 1 auf einige abgegrenzte Gruppen von Arbeitnehmern, auf die sich die Rechtsvorschriften oder die Praxis der Mitgliedstaaten auf dem Gebiet des Kündigungsschutzes nicht erstrecken, keine Anwendung findet.

(2) Kommt es zu einer Beendigung des Arbeitsvertrags oder Arbeitsverhältnisses, weil der Übergang eine wesentliche Änderung der Arbeitsbedingungen zum Nachteil des Arbeitnehmers zur Folge hat, so ist davon auszugehen, dass die Beendigung des Arbeitsvertrags oder Arbeitsverhältnisses durch den Arbeitgeber erfolgt ist.

Artikel 4a

(1) Sofern die Mitgliedstaaten nichts anderes vorsehen, gelten die Artikel 3 und 4 nicht für Übergänge von Unternehmen, Betrieben oder Unternehmens- bzw. Betriebsteilen, bei denen gegen den Veräußerer unter der Aufsicht einer zuständigen öffentlichen Stelle (worunter auch ein von einer zuständigen Behörde ermächtigter Insolvenzverwalter verstanden werden kann) ein Konkursverfahren oder ein entsprechendes Verfahren mit dem Ziel der Auflösung des Vermögens des Veräußerers eröffnet wurde.

(2) Wenn die Artikel 3 und 4 für einen Übergang während eines Zahlungsunfähigkeitsverfahrens gegen den Veräußerer (unabhängig davon, ob dieses Verfahren zur Auflösung seines Vermögens eingeleitet wurde) gelten und dieses Verfahren unter der Aufsicht einer zuständigen öffentlichen Stelle (worunter auch ein nach dem innerstaatlichen Recht bestimmter Insolvenzverwalter verstanden werden kann) steht, kann ein Mitgliedstaat vorsehen, dass

a) ungeachtet des Artikels 3 Absatz 1 die vor dem Übergang bzw. vor der Eröffnung des Zahlungsunfähigkeitsverfahrens fälligen Verbindlichkeiten des Veräußerers aufgrund von Arbeitsverträgen oder Arbeitsverhältnissen nicht auf den Erwerber übergehen, sofern dieses Verfahren nach dem Recht des betreffenden Mitgliedstaats einen Schutz gewährt, der dem von der Richtlinie 80/987/EWG des Rates vom 20. Oktober 1980 zur Angleichung der Rechtsvorschriften der Mitgliedstaaten über den Schutz der Arbeitnehmer bei Zahlungsunfähigkeit des Arbeitgebers (**) vorgesehenen Schutz zumindest gleichwertig ist,

und/oder

b) der Erwerber, der Veräußerer oder die seine Befugnisse ausübenden Personen auf der einen Seite und die Vertreter der Arbeitnehmer auf der anderen Seite Änderungen der Arbeitsbedingungen der Arbeitnehmer, insoweit das geltende Recht oder die geltende Praxis dies zulassen, vereinbaren können, die den Fortbestand des Unternehmens, Betriebs oder Unternehmens- bzw. Betriebsteils sichern und dadurch der Erhaltung von Arbeitsplätzen dienen.

(3) Die Mitgliedstaaten können Absatz 2 Buchstabe b) auf Übergänge anwenden, bei denen sich der Veräußerer nach dem einzelstaatlichen Recht in einer schwierigen wirtschaftlichen Lage befindet, sofern das Bestehen einer solchen Notlage von einer zuständigen öffentlichen Stelle bescheinigt wird und die Möglichkeit einer gerichtlichen Aufsicht gegeben ist, falls das innerstaatliche Recht solche Bestimmungen am 17. Juli 1998 bereits enthält.

Die Kommission legt vor dem 17. Juli 2003 einen Bericht über die Auswirkungen dieser Bestimmung vor und unterbreitet dem Rat erforderlichenfalls entsprechende Vorschläge.

(4) Die Mitgliedstaaten treffen die erforderlichen Maßnahmen, damit Zahlungsunfähigkeitsverfahren nicht in missbräuchlicher Weise in Anspruch genommen werden, um den Arbeitnehmern die in dieser Richtlinie vorgesehenen Rechte vorzuenthalten.

Artikel 5

(1) Sofern das Unternehmen, der Betrieb oder der Unternehmens- bzw. Betriebsteil seine Selbständigkeit behält, bleiben die Rechtsstellung und die Funktion der Vertreter oder der Vertretung der vom Übergang betroffenen Arbeitnehmer unter den gleichen Bedingungen erhalten, wie sie vor dem Zeitpunkt des Übergangs aufgrund von Rechts- und Verwaltungsvorschriften oder aufgrund einer Vereinbarung bestanden haben, sofern die Bedingungen für die Bildung der Arbeitnehmervertretung erfüllt sind.

Unterabsatz 1 findet keine Anwendung, wenn gemäß den Rechts- und Verwaltungsvorschriften oder der Praxis der Mitgliedstaaten oder durch Vereinbarung mit den Vertretern der betroffenen Arbeitnehmer die Bedingungen für die Neubestellung der Vertreter der Arbeitnehmer oder die Neubildung der Vertretung der Arbeitnehmer erfüllt sind.

Wurde gegen den Veräußerer unter der Aufsicht einer zuständigen öffentlichen Stelle (worunter auch ein von einer zuständigen Behörde ermächtigter Insolvenzverwalter verstanden werden kann) ein Konkursverfahren oder ein entsprechendes Zahlungsunfähigkeitsverfahren mit dem Ziel der Auflösung des Vermögens des Veräußerers eröffnet, können die Mitgliedstaaten die erforderlichen Maßnahmen ergreifen, um sicherzustellen, dass die vom Übergang betroffenen Arbeitnehmer bis zur Neuwahl oder Benennung von Arbeitnehmervertretern angemessen vertreten sind.

Behält das Unternehmen, der Betrieb oder der Unternehmens- bzw. Betriebsteil seine Selbständigkeit nicht, so treffen die Mitgliedstaaten die erforderlichen Maßnahmen, damit die vom Übergang betroffenen Arbeitnehmer, die vor dem Übergang vertreten wurden, während des Zeitraums, der für die Neubildung oder Neubenennung der Arbeitnehmervertretung erforderlich ist, im Einklang mit dem Recht oder der Praxis der Mitgliedstaaten weiterhin angemessen vertreten werden.

(2) Erlischt das Mandat der Vertreter der vom Übergang betroffenen Arbeitnehmer aufgrund des Übergangs, so gelten für diese Vertreter weiterhin die nach den Rechts- und Verwaltungsvorschriften oder der Praxis der Mitgliedstaaten vorgesehenen Schutzmaßnahmen.

TEIL III

Information und Konsultation

Artikel 6

(1) Der Veräußerer und der Erwerber sind verpflichtet, die Vertreter ihrer jeweiligen von einem Übergang betroffenen Arbeitnehmer über folgendes zu informieren:

- den Zeitpunkt bzw. den geplanten Zeitpunkt des Übergangs,

- den Grund für den Übergang,

- die rechtlichen, wirtschaftlichen und sozialen Folgen des Übergangs für die Arbeitnehmer,

- die hinsichtlich der Arbeitnehmer in Aussicht genommenen Maßnahmen.

Der Veräußerer ist verpflichtet, den Vertretern seiner Arbeitnehmer diese Information rechtzeitig vor dem Vollzug des Übergangs zu übermitteln.

Der Erwerber ist verpflichtet, den Vertretern seiner Arbeitnehmer diese Informationen rechtzeitig zu übermitteln, auf jeden Fall aber bevor diese Arbeitnehmer von dem Übergang hinsichtlich ihrer Beschäftigungs- und Arbeitsbedingungen unmittelbar betroffen werden.

(2) Zieht der Veräußerer bzw. der Erwerber Maßnahmen hinsichtlich seiner Arbeitnehmer in Betracht, so ist es verpflichtet, die Vertreter seiner Arbeitnehmer rechtzeitig zu diesen Maßnahmen zu konsultieren, um eine Übereinkunft anzustreben.

(3) Die Mitgliedstaaten, deren Rechts- und Verwaltungsvorschriften vorsehen, dass die Vertreter der Arbeitnehmer eine Schiedsstelle anrufen können, um eine Entscheidung über hinsichtlich der Arbeitnehmer zu treffende Maßnahmen zu erhalten, können die Verpflichtungen gemäß den Absätzen 1 und 2 auf den Fall beschränken, in dem der vollzogene Übergang eine Betriebsänderung hervorruft, die wesentliche Nachteile für einen erheblichen Teil der Arbeitnehmer zur Folge haben kann.

Die Information und die Konsultation müssen sich zumindest auf die hinsichtlich der Arbeitnehmer in Aussicht genommenen Maßnahmen erstrecken.

Die Information und die Konsultation müssen rechtzeitig vor dem Vollzug der in Unterabsatz 1 genannten Betriebsänderung erfolgen.

(4) Die in diesem Artikel vorgesehenen Verpflichtungen gelten unabhängig davon, ob die zum Übergang führende Entscheidung vom Arbeitgeber oder von einem den Arbeitgeber beherrschenden Unternehmen getroffen wird.

Hinsichtlich angeblicher Verstöße gegen die in dieser Richtlinie vorgesehenen Informations- und Konsultationspflicht findet der Einwand, der Verstoß gehe darauf zurück, dass die Information von einem den Arbeitgeber kontrollierenden Unternehmen nicht übermittelt worden sei, keine Berücksichtigung.

(5) Die Mitgliedstaaten können die in den Absätzen 1, 2 und 3 vorgesehenen Verpflichtungen auf Unternehmen oder Betriebe beschränken, die hinsichtlich der Zahl der beschäftigten Arbeitnehmer die Voraussetzungen für die Wahl oder Bestellung eines Kollegiums als Arbeitnehmervertretung erfüllen.

(6) Die Mitgliedstaaten sehen vor, dass die betreffenden Arbeitnehmer für den Fall, dass es unabhängig von ihrem Willen in einem Unternehmen oder in einem Betrieb keine Vertreter der Arbeitnehmer gibt, vorher zu informieren sind über

- den Zeitpunkt bzw. den geplanten Zeitpunkt des Übergangs,

- den Grund für den Übergang,

- die rechtlichen, wirtschaftlichen und sozialen Folgen des Übergangs für die Arbeitnehmer,

- die hinsichtlich der Arbeitnehmer in Aussicht genommenen Maßnahmen.

TEIL IV

Schlussbestimmungen

Artikel 7

Diese Richtlinie schränkt die Möglichkeit der Mitgliedstaaten nicht ein, für die Arbeitnehmer günstigere Rechts- oder Verwaltungsvorschriften anzuwenden oder zu erlassen oder für die Arbeitnehmer günstigere Kollektivverträge und andere zwischen den Sozialpartnern abgeschlossene Vereinbarungen, die für die Arbeitnehmer günstiger sind, zu fördern oder zuzulassen.

Artikel 7a

Die Mitgliedstaaten nehmen in ihre innerstaatlichen Rechtssysteme die erforderlichen Bestimmungen auf, um allen Arbeitnehmern und Vertretern der Arbeitnehmer, die ihrer Ansicht nach durch die Nichtbeachtung der sich aus dieser Richtlinie ergebenden Verpflichtungen benachteiligt sind, die Möglichkeit zu geben, ihre Forderungen durch Gerichtsverfahren einzuklagen, nachdem sie gegebenenfalls andere zuständige Stellen damit befasst haben.

Artikel 7b

Die Kommission unterbreitet dem Rat vor dem 17. Juli 2006 einen Bericht, in dem die Auswirkungen der Bestimmungen dieser Richtlinie untersucht werden. Sie legt gegebenenfalls die erforderlichen Änderungsvorschläge vor.

(*) ABl. L 206 vom 29. 7. 1991, S. 19.

(**) ABl. L 283 vom 20. 10. 1980, S. 23. Richtlinie geändert durch die Richtlinie 87/164/EWG (ABl. L 66 vom 11. 3. 1987, S. 11)."

Artikel 2

(1) Die Mitgliedstaaten verabschieden vor dem 17. Juli 2001 die erforderlichen Rechts- und Verwaltungsvorschriften, um dieser Richtlinie nachzukommen, oder stellen spätestens zu diesem Zeitpunkt sicher, dass die Sozialpartner die erforderlichen Vorschriften durch Vereinbarung einführen; die Mitgliedstaaten sind verpflichtet, die erforderlichen Schritte zu unternehmen, damit sie jederzeit die von dieser Richtlinie vorgeschriebenen Ergebnisse gewährleisten können.

(2) Wenn die Mitgliedstaaten Vorschriften nach Absatz 1 erlassen, nehmen sie in den Vorschriften selbst oder durch einen Hinweis bei der amtlichen Veröffentlichung auf diese Richtlinie Bezug. Die Mitgliedstaaten regeln die Einzelheiten der Bezugnahme.

Die Mitgliedstaaten setzen die Kommission unverzüglich über die Maßnahmen in Kenntnis, die sie zur Durchführung dieser Richtlinie verabschieden.

Artikel 3

Diese Richtlinie tritt am Tag ihrer Veröffentlichung im Amtsblatt der Europäischen Gemeinschaften in Kraft.

Artikel 4

Diese Richtlinie ist an die Mitgliedstaaten gerichtet.

Geschehen zu Luxemburg am 29. Juni 1998.

Im Namen des Rates

Der Präsident

R. COOK

Anhang V: RL 2001/23/EG

Richtlinie 2001/23/EG des Rates vom 12. März 2001 zur Angleichung der Rechtsvorschriften der Mitgliedstaaten über die Wahrung von Ansprüchen der Arbeitnehmer beim Übergang von Unternehmen, Betrieben oder Unternehmens- oder Betriebsteilen
Amtsblatt Nr. L 082 vom 22/03/2001 S. 0016 - 0020
Richtlinie 2001/23/EG des Rates

vom 12. März 2001

zur Angleichung der Rechtsvorschriften der Mitgliedstaaten über die Wahrung von Ansprüchen der Arbeitnehmer beim Übergang von Unternehmen, Betrieben oder Unternehmens- oder Betriebsteilen

DER RAT DER EUROPÄISCHEN UNION -

gestützt auf den Vertrag zur Gründung der Europäischen Gemeinschaft, insbesondere auf Artikel 94,

auf Vorschlag der Kommission,

nach Stellungnahme des Europäischen Parlaments(1),

nach Anhörung des Wirtschafts- und Sozialausschusses(2),

in Erwägung nachstehender Gründe:

(1) Die Richtlinie 77/187/EWG des Rates vom 14. Februar 1977 zur Angleichung der Rechtsvorschriften der Mitgliedstaaten über die Wahrung von Ansprüchen der Arbeitnehmer beim Übergang von Unternehmen, Betrieben oder Unternehmens- oder Betriebsteilen(3) wurde erheblich geändert(4). Aus Gründen der Klarheit und Wirtschaftlichkeit empfiehlt es sich daher, die genannte Richtlinie zu kodifizieren.

(2) Die wirtschaftliche Entwicklung führt auf einzelstaatlicher und gemeinschaftlicher Ebene zu Änderungen in den Unternehmensstrukturen, die sich unter anderem aus dem Übergang von Unternehmen, Betrieben oder Unternehmens- oder Betriebsteilen auf einen anderen Inhaber durch vertragliche Übertragung oder durch Verschmelzung ergeben.

(3) Es sind Bestimmungen notwendig, die die Arbeitnehmer bei einem Inhaberwechsel schützen und insbesondere die Wahrung ihrer Ansprüche gewährleisten.

(4) Zwischen den Mitgliedstaaten bestehen in Bezug auf den Umfang des Arbeitnehmerschutzes auf diesem Gebiet weiterhin Unterschiede, die verringert werden sollten.

(5) In der am 9. Dezember 1989 verabschiedeten Gemeinschaftscharta der sozialen Grundrechte der Arbeitnehmer (Sozialcharta) wird unter Nummer 7, Nummer 17 und Nummer 18 insbesondere folgendes festgestellt: "Die Verwirklichung des Binnenmarktes muss zu einer Verbesserung der Lebens- und Arbeitsbedingungen der Arbeitnehmer in der Europäischen Gemeinschaft führen. Diese Verbesserung muss, soweit nötig, dazu führen, dass bestimmte Bereiche des Arbeitsrechts, wie die Verfahren bei Massenentlassungen oder bei Konkursen, ausgestaltet werden. Unterrichtung, Anhörung und Mitwirkung der Arbeitnehmer müssen in geeigneter Weise, unter Berücksichtigung der in den verschiedenen Mitgliedstaaten herrschenden Gepflogenheiten, weiterentwickelt werden. Unterrichtung, Anhörung und Mitwirkung sind rechtzeitig vorzusehen, vor allem bei der Umstrukturierung oder Verschmelzung von Unternehmen, wenn dadurch die Beschäftigung der Arbeitnehmer berührt wird."

(6) Im Jahre 1977 hat der Rat die Richtlinie 77/187/EWG erlassen, um auf eine Harmonisierung der einschlägigen nationalen Rechtsvorschriften hinsichtlich der Wahrung der Ansprüche und Rechte der Arbeitnehmer hinzuwirken; Veräußerer und Erwerber werden aufgefordert, die Vertreter der Arbeitnehmer rechtzeitig zu unterrichten und anzuhören.

(7) Die Richtlinie 77/187/EWG wurde nachfolgend geändert unter Berücksichtigung der Auswirkungen des Binnenmarktes, der Tendenzen in der Gesetzgebung der Mitgliedstaaten hinsichtlich der Sanierung von Unternehmen in wirtschaftlichen Schwierigkeiten, der Rechtsprechung des Gerichtshofs der Europäischen Gemeinschaften, der Richtlinie 75/129/EWG des Rates vom 17. Februar 1975 zur Angleichung der Rechtsvorschriften der Mitgliedstaaten über Massenentlassungen(5) sowie der bereits in den meisten Mitgliedstaaten geltenden gesetzlichen Normen.

(8) Aus Gründen der Rechtssicherheit und Transparenz war es erforderlich, den juristischen Begriff des Übergangs unter Berücksichtigung der Rechtsprechung des Gerichtshofs zu klären. Durch diese Klärung wurde der Anwendungsbereich der Richtlinie 77/187/EWG gemäß der Auslegung durch den Gerichtshof nicht geändert.

(9) In der Sozialcharta wird die Bedeutung des Kampfes gegen alle Formen der Diskriminierung, insbesondere aufgrund von Geschlecht, Hautfarbe, Rasse, Meinung oder Glauben, gewürdigt.

(10) Diese Richtlinie sollte die Pflichten der Mitgliedstaaten hinsichtlich der Umsetzungsfristen der in Anhang I Teil B angegebenen Richtlinien unberührt lassen -

HAT FOLGENDE RICHTLINIE ERLASSEN:

KAPITEL I

Anwendungsbereich und Definitionen

Artikel 1

1. a) Diese Richtlinie ist auf den Übergang von Unternehmen, Betrieben oder Unternehmens- bzw. Betriebsteilen auf einen anderen Inhaber durch vertragliche Übertragung oder durch Verschmelzung anwendbar.

b) Vorbehaltlich Buchstabe a) und der nachstehenden Bestimmungen dieses Artikels gilt als Übergang im Sinne dieser Richtlinie der Übergang einer ihre Identität bewahrenden wirtschaftlichen Einheit im Sinne einer organisierten Zusammenfassung von Ressourcen zur Verfolgung einer wirtschaftlichen Haupt- oder Nebentätigkeit.

c) Diese Richtlinie gilt für öffentliche und private Unternehmen, die eine wirtschaftliche Tätigkeit ausüben, unabhängig davon, ob sie Erwerbszwecke verfolgen oder nicht. Bei der Übertragung von Aufgaben im Zuge einer Umstrukturierung von Verwaltungsbehörden oder bei der Übertragung von Verwaltungsaufgaben von einer Behörde auf eine andere handelt es sich nicht um einen Übergang im Sinne dieser Richtlinie.

2. Diese Richtlinie ist anwendbar, wenn und soweit sich das Unternehmen, der Betrieb oder der Unternehmens- bzw. Betriebsteil, das bzw. der übergeht, innerhalb des räumlichen Geltungsbereichs des Vertrages befindet.

3. Diese Richtlinie gilt nicht für Seeschiffe.

Artikel 2

1. Im Sinne dieser Richtlinie gelten folgende Begriffsbestimmungen:

a) "Veräußerer" ist jede natürliche oder juristische Person, die aufgrund eines Übergangs im Sinne von Artikel 1 Absatz 1 als Inhaber aus dem Unternehmen, dem Betrieb oder dem Unternehmens- bzw. Betriebsteil ausscheidet:

b) "Erwerber" ist jede natürliche oder juristische Person, die aufgrund eines Übergangs im Sinne von Artikel 1 Absatz 1 als Inhaber in das Unternehmen, den Betrieb oder den Unternehmens- bzw. Betriebsteil eintritt.

c) "Vertreter der Arbeitnehmer" oder ein entsprechender Ausdruck bezeichnet die Vertreter der Arbeitnehmer nach den Rechtsvorschriften oder der Praxis der Mitgliedstaaten.

d) "Arbeitnehmer" ist jede Person, die in dem betreffenden Mitgliedstaat aufgrund des einzelstaatlichen Arbeitsrechts geschützt, ist.

2. Diese Richtlinie lässt das einzelstaatliche Recht in Bezug auf die Begriffsbestimmung des Arbeitsvertrags oder des Arbeitsverhältnisses unberührt.

Die Mitgliedstaaten können jedoch vom Anwendungsbereich der Richtlinie Arbeitsverträge und Arbeitsverhältnisse nicht allein deshalb ausschließen, weil

a) nur eine bestimmte Anzahl von Arbeitsstunden geleistet wird oder zu leisten ist,

b) es sich um Arbeitsverhältnisse aufgrund eines befristeten Arbeitsvertrags im Sinne von Artikel 1 Nummer 1 der Richtlinie 91/383/EWG des Rates vom 25. Juni 1991 zur Ergänzung der Maßnahmen zur Verbesserung der Sicherheit und des Gesundheitsschutzes von Arbeitnehmern mit befristetem Arbeitsverhältnis oder Leiharbeitsverhältnis(6) handelt,

c) es sich um Leiharbeitsverhältnisse im Sinne von Artikel 1 Nummer 2 der Richtlinie 91/383/EWG und bei dem übertragenen Unternehmen oder dem übertragenen Betrieb oder Unternehmens- bzw. Betriebsteil als Verleihunternehmen oder Teil eines Verleihunternehmens um den Arbeitgeber handelt.

KAPITEL II

Wahrung der Ansprüche und Rechte der Arbeitnehmer

Artikel 3

1. Die Rechte und Pflichten des Veräußerers aus einem zum Zeitpunkt des Übergangs bestehenden Arbeitsvertrag oder Arbeitsverhältnis gehen aufgrund des Übergangs auf den Erwerber über.

Die Mitgliedstaaten können vorsehen, dass der Veräußerer und der Erwerber nach dem Zeitpunkt des Übergangs gesamtschuldnerisch für die Verpflichtungen haften, die vor dem Zeitpunkt des Übergangs durch einen Arbeitsvertrag oder ein Arbeitsverhältnis entstanden sind, der bzw. das zum Zeitpunkt des Übergangs bestand.

2. Die Mitgliedstaaten können geeignete Maßnahmen ergreifen, um zu gewährleisten, dass der Veräußerer den Erwerber über alle Rechte und Pflichten unterrichtet, die nach diesem Artikel auf den Erwerber übergehen, soweit diese dem Veräußerer zum Zeitpunkt des Übergangs bekannt waren oder bekannt sein mussten. Unterlässt der Veräußerer diese Unterrichtung des Erwerbers, so berührt diese Unterlassung weder den Übergang solcher Rechte und Pflichten noch die Ansprüche von Arbeitnehmern gegenüber dem Erwerber und/oder Veräußerer in Bezug auf diese Rechte und Pflichten.

3. Nach dem Übergang erhält der Erwerber die in einem Kollektivvertrag vereinbarten Arbeitsbedingungen bis zur Kündigung oder zum Ablauf des Kollektivvertrags bzw. bis zum Inkrafttreten oder bis zur Anwendung eines anderen Kollektivvertrags in dem gleichen Maße aufrecht, wie sie in dem Kollektivvertrag für den Veräußerer vorgesehen waren.

Die Mitgliedstaaten können den Zeitraum der Aufrechterhaltung der Arbeitsbedingungen begrenzen, allerdings darf dieser nicht weniger als ein Jahr betragen.

4. a) Sofern die Mitgliedstaaten nicht anderes vorsehen, gelten die Absätze 1 und 3 nicht für die Rechte der Arbeitnehmer auf Leistungen bei Alter, Invalidität oder für Hinterbliebene aus betrieblichen oder überbetrieblichen Zusatzversorgungseinrichtungen außerhalb der gesetzlichen Systeme der sozialen Sicherheit der Mitgliedstaaten.

b) Die Mitgliedstaaten treffen auch dann, wenn sie gemäß Buchstabe a) nicht vorsehen, dass die Absätze 1 und 3 für die unter Buchstabe a) genannten Rechte gelten, die notwendigen Maßnahmen zum Schutz der Interessen der Arbeitnehmer sowie der Personen, die zum Zeitpunkt des Übergangs bereits aus dem Betrieb des Veräußerers ausgeschieden sind, hinsichtlich ihrer Rechte oder Anwartschaftsrechte auf Leistungen bei Alter, einschließlich Leistungen für Hinterbliebene, aus den unter Buchstabe a) genannten Zusatzversorgungseinrichtungen.

Artikel 4

1. Der Übergang eines Unternehmens, Betriebs oder Unternehmens- bzw. Betriebsteils stellt als solcher für den Veräußerer oder den Erwerber keinen Grund zur Kündigung dar. Diese Bestimmung steht etwaigen Kündigungen aus wirtschaftlichen, technischen oder organisatorischen Gründen, die Änderungen im Bereich der Beschäftigung mit sich bringen, nicht entgegen.

Die Mitgliedstaaten können vorsehen, dass Unterabsatz 1 auf einige abgegrenzte Gruppen von Arbeitnehmern, auf die sich die Rechtsvorschriften oder die Praxis der Mitgliedstaaten auf dem Gebiet des Kündigungsschutzes nicht erstrecken, keine Anwendung findet.

2. Kommt es zu einer Beendigung des Arbeitsvertrags oder Arbeitsverhältnisses, weil der Übergang eine wesentliche Änderung der Arbeitsbedingungen zum Nachteil des Arbeitnehmers zur Folge hat, so ist davon auszugehen, dass die Beendigung des Arbeitsvertrags oder Arbeitsverhältnisses durch den Arbeitgeber erfolgt ist.

Artikel 5

1. Sofern die Mitgliedstaaten nichts anderes vorsehen, gelten die Artikel 3 und 4 nicht für Übergänge von Unternehmen, Betrieben oder Unternehmens- bzw. Betriebsteilen, bei denen gegen den Veräußerer unter der Aufsicht einer zuständigen öffentlichen Stelle (worunter auch ein von einer zuständigen Behörde ermächtigter Insolvenzverwalter verstanden werden kann) ein Konkursverfahren oder ein entsprechendes Verfahren mit dem Ziel der Auflösung des Vermögens des Veräußerers eröffnet wurde.

2. Wenn die Artikel 3 und 4 für einen Übergang während eines Insolvenzverfahrens gegen den Veräußerer (unabhängig davon, ob dieses Verfahren zur Auflösung seines Vermögens eingeleitet wurde) gelten und dieses Verfahren unter der Aufsicht einer zuständigen öffentlichen Stelle (worunter auch ein nach dem innerstaatlichen Recht bestimmter Insolvenzverwalter verstanden werden kann) steht, kann ein Mitgliedstaat vorsehen, dass

a) ungeachtet des Artikels 3 Absatz 1 die vor dem Übergang bzw. vor der Eröffnung des Insolvenzverfahrens fälligen Verbindlichkeiten des Veräußerers aufgrund von Arbeitsverträgen oder Arbeitsverhältnissen nicht auf den Erwerber übergehen, sofern dieses Verfahren nach dem Recht des betreffenden Mitgliedstaats einen Schutz gewährt, der dem von der Richtlinie 80/987/EWG des Rates vom 20. Oktober 1980 zur Angleichung der Rechtsvorschriften der Mitgliedstaaten über den Schutz der Arbeitnehmer bei Zahlungsunfähigkeit des Arbeitgebers(7) vorgesehenen Schutz zumindest gleichwertig ist, und/oder

b) der Erwerber, der Veräußerer oder die seine Befugnisse ausübenden Personen auf der einen Seite und die Vertreter der Arbeitnehmer auf der anderen Seite Änderungen der Arbeitsbedingungen der Arbeitnehmer, insoweit das geltende Recht oder die geltende Praxis dies zulassen, vereinbaren können, die den Fortbestand des Unternehmens, Betriebs oder Unternehmens- bzw. Betriebsteils sichern und dadurch der Erhaltung von Arbeitsplätzen dienen.

3. Die Mitgliedstaaten können Absatz 2 Buchstabe b) auf Übergänge anwenden, bei denen sich der Veräußerer nach dem einzelstaatlichen Recht in einer schwierigen wirtschaftlichen Lage befindet, sofern das Bestehen einer solchen Notlage von einer zuständigen öffentlichen Stelle bescheinigt wird und die Möglichkeit einer gerichtlichen Aufsicht gegeben ist, falls das innerstaatliche Recht solche Bestimmungen am 17. Juli 1998 bereits enthielt.

Die Kommission legt vor dem 17. Juli 2003 einen Bericht über die Auswirkungen dieser Bestimmung vor und unterbreitet dem Rat erforderlichenfalls entsprechende Vorschläge.

4. Die Mitgliedstaaten treffen die erforderlichen Maßnahmen, damit Insolvenzverfahren nicht in missbräuchlicher Weise in Anspruch genommen werden, um den Arbeitnehmern die in dieser Richtlinie vorgesehenen Rechte vorzuenthalten.

Artikel 6

1. Sofern das Unternehmen, der Betrieb oder der Unternehmens- bzw. Betriebsteil seine Selbständigkeit behält, bleiben die Rechtsstellung und die Funktion der Vertreter oder der Vertretung der vom Übergang betroffenen Arbeitnehmer unter den gleichen Bedingungen erhalten, wie sie vor dem Zeitpunkt des Übergangs aufgrund von Rechts- und Verwaltungsvorschriften oder aufgrund einer Vereinbarung bestanden haben, sofern die Bedingungen für die Bildung der Arbeitnehmervertretung erfüllt sind.

Unterabsatz 1 findet keine Anwendung, wenn gemäß den Rechts- und Verwaltungsvorschriften oder der Praxis der Mitgliedstaaten oder durch Vereinbarung mit den Vertretern der betroffenen Arbeitnehmer die Bedingungen für die Neubestellung der Vertreter der Arbeitnehmer oder die Neubildung der Vertretung der Arbeitnehmer erfüllt sind.

Wurde gegen den Veräußerer unter der Aufsicht einer zuständigen öffentlichen Stelle (worunter auch ein von einer zuständigen Behörde ermächtigter Insolvenzverwalter verstanden werden kann) ein Konkursverfahren oder ein entsprechendes Insolvenzverfahren mit dem Ziel der Auflösung des Vermögens des Veräußerers eröffnet, können die Mitgliedstaaten die erforderlichen Maßnahmen ergreifen, um sicherzustellen, dass die vom Übergang betroffenen Arbeitnehmer bis zur Neuwahl oder Benennung von Arbeitnehmervertretern angemessen vertreten sind.

Behält das Unternehmen, der Betrieb oder der Unternehmens- bzw. Betriebsteil seine Selbständigkeit nicht, so treffen die Mitgliedstaaten die erforderlichen Maßnahmen, damit die vom Übergang betroffenen Arbeitnehmer, die vor dem Übergang vertreten wurden, während des Zeitraums, der für die Neubildung oder Neubenennung der Arbeitnehmervertretung erforderlich ist, im Einklang mit dem Recht oder der Praxis der Mitgliedstaaten weiterhin angemessen vertreten werden.

2. Erlischt das Mandat der Vertreter der vom Übergang betroffenen Arbeitnehmer aufgrund des Übergangs, so gelten für diese Vertreter weiterhin die nach den Rechts- und Verwaltungsvorschriften oder der Praxis der Mitgliedstaaten vorgesehenen Schutzmaßnahmen.

KAPITEL III

Information und Konsultation

Artikel 7

1. Der Veräußerer und der Erwerber sind verpflichtet, die Vertreter ihrer jeweiligen von einem Übergang betroffenen Arbeitnehmer über Folgendes zu informieren:

- den Zeitpunkt bzw. den geplanten Zeitpunkt des Übergangs,

- den Grund für den Übergang,

- die rechtlichen, wirtschaftlichen und sozialen Folgen des Übergangs für die Arbeitnehmer,

- die hinsichtlich der Arbeitnehmer in Aussicht genommenen Maßnahmen.

Der Veräußerer ist verpflichtet, den Vertretern seiner Arbeitnehmer diese Informationen rechtzeitig vor dem Vollzug des Übergangs zu übermitteln.

Der Erwerber ist verpflichtet, den Vertretern seiner Arbeitnehmer diese Informationen rechtzeitig zu übermitteln, auf jeden Fall aber bevor diese Arbeitnehmer von dem Übergang hinsichtlich ihrer Beschäftigungs- und Arbeitsbedingungen unmittelbar betroffen werden.

2. Zieht der Veräußerer bzw. der Erwerber Maßnahmen hinsichtlich seiner Arbeitnehmer in Betracht, so ist er verpflichtet, die Vertreter seiner Arbeitnehmer rechtzeitig zu diesen Maßnahmen zu konsultieren, um eine Übereinkunft anzustreben.

3. Die Mitgliedstaaten, deren Rechts- und Verwaltungsvorschriften vorsehen, dass die Vertreter der Arbeitnehmer eine Schiedsstelle anrufen können, um eine Entscheidung über hinsichtlich der Arbeitnehmer zu treffende Maßnahmen zu erhalten, können die Verpflichtungen gemäß den Absätzen 1 und 2 auf den Fall beschränken, in dem der vollzogene Übergang eine Betriebsänderung hervorruft, die wesentliche Nachteile für einen erheblichen Teil der Arbeitnehmer zur Folge haben kann.

Die Information und die Konsultation müssen sich zumindest auf die hinsichtlich der Arbeitnehmer in Aussicht genommenen Maßnahmen erstrecken.

Die Information und die Konsultation müssen rechtzeitig vor dem Vollzug der in Unterabsatz 1 genannten Betriebsänderung erfolgen.

4. Die in diesem Artikel vorgesehenen Verpflichtungen gelten unabhängig davon, ob die zum Übergang führende Entscheidung vom Arbeitgeber oder von einem den Arbeitgeber beherrschendes Unternehmen getroffen wird.

Hinsichtlich angeblicher Verstöße gegen die in dieser Richtlinie vorgesehenen Informations- und Konsultationspflichten findet der Einwand, der Verstoß gehe darauf zurück, dass die Information von einem den Arbeitgeber beherrschenden Unternehmen nicht übermittelt worden sei, keine Berücksichtigung.

5. Die Mitgliedstaaten können die in den Absätzen 1, 2 und 3 vorgesehenen Verpflichtungen auf Unternehmen oder Betriebe beschränken, die hinsichtlich der Zahl der beschäftigten Arbeitnehmer die Voraussetzungen für die Wahl oder Bestellung eines Kollegiums als Arbeitnehmervertretung erfüllen.

6. Die Mitgliedstaaten sehen vor, dass die betreffenden Arbeitnehmer für den Fall, dass es unabhängig von ihrem Willen in einem Unternehmen oder in einem Betrieb keine Vertreter der Arbeitnehmer gibt, vorher zu informieren sind über

- den Zeitpunkt bzw. den geplanten Zeitpunkt des Übergangs,

- den Grund für den Übergang,

- die rechtlichen, wirtschaftlichen und sozialen Folgen des Übergangs für die Arbeitnehmer,

- die hinsichtlich der Arbeitnehmer in Aussicht genommenen Maßnahmen.

KAPITEL IV

Schlussbestimmungen

Artikel 8

Diese Richtlinie schränkt die Möglichkeit der Mitgliedstaaten nicht ein, für die Arbeitnehmer günstigere Rechts- oder Verwaltungsvorschriften anzuwenden oder zu erlassen oder für die Arbeitnehmer günstigere Kollektivverträge und andere zwischen den Sozialpartnern abgeschlossene Vereinbarungen, die für die Arbeitnehmer günstiger sind, zu fördern oder zuzulassen.

Artikel 9

Die Mitgliedstaaten nehmen in ihre innerstaatlichen Rechtssysteme die erforderlichen Bestimmungen auf, um allen Arbeitnehmern und Vertretern der Arbeitnehmer, die ihrer Ansicht nach durch die Nichtbeachtung der sich aus dieser Richtlinie ergebenden Verpflichtungen benachteiligt sind, die Möglichkeit zu geben, ihre Forderungen durch Gerichtsverfahren einzuklagen, nachdem sie gegebenenfalls andere zuständige Stellen damit befasst haben.

Artikel 10

Die Kommission unterbreitet dem Rat vor dem 17. Juli 2006 einen Bericht, in dem die Auswirkungen der Bestimmungen dieser Richtlinie untersucht werden. Sie legt gegebenenfalls die erforderlichen Änderungsvorschläge vor.

Artikel 11

Die Mitgliedstaaten teilen der Kommission den Wortlaut der Rechts- und Verwaltungsvorschriften mit, die sie auf dem unter diese Richtlinie fallenden Gebiet erlassen.

Artikel 12

Die Richtlinie 77/187/EWG, geändert durch die in Anhang I Teil A aufgeführte Richtlinie, wird unbeschadet der Pflichten der Mitgliedstaaten hinsichtlich der in Anhang I Teil B genannten Fristen für ihre Umsetzung aufgehoben.

Verweisungen auf die aufgehobene Richtlinie gelten als Verweisungen auf die vorliegende Richtlinie und sind nach der Übereinstimmungstabelle in Anhang II zu lesen.

Artikel 13

Diese Richtlinie tritt am zwanzigsten Tag nach ihrer Veröffentlichung im Amtsblatt der Europäischen Gemeinschaften in Kraft.

Artikel 14

Diese Richtlinie ist an alle Mitgliedstaaten gerichtet.

Geschehen zu Brüssel am 12. März 2001.

Im Namen des Rates

Der Präsident

B. Ringholm

Literaturverzeichnis

Bücher

Alsbæk, Henriette: Der Betriebsübergang und seine individualrechtlichen Folgen in Europa, 2001, Duncker&Humblot Berlin

Baur, Jürgen F./Hopt, Klaus J./Mailänder, K. Peter: Festschrift für Ernst Steindorff zum 70. Geburtstag am 13. März 1990, 1990, Walter de Gruyter Berlin New York

Birk, Münchner Handbuch zum Arbeitsrecht, § 19 Arbeitsrechtliche Regelungen der Europäischen Union, 2. Auflage 2000

Braun, Stephanie: Die Fortgeltung von Betriebsvereinbarungen beim Betriebsübergang, 2007, Ergon Verlag Würzburg

Bütefisch, Wylka: Die Sozialauswahl: Praxisorientierte Darstellung der §§ 1 Abs.3, 4 KSchG und 125 Abs.1 S.1 Nr. 2 InsO, 2000, Otto Schmidt Verlag DE

Commandeur, Gert/Kleinebrink, Wolfgang: Betriebs- und Firmenübernahme, 2. Auflage, 2002, Verlag C.H.Beck München

Gaul, Dieter: Der Betriebsübergang, 2. Auflage, 1993, expert Verlag Ehningen bei Böblingen

Herrmann, Harald; Berger, Klaus Peter; Wackerbarth, Ulrich: Deutsches und internationales Bank- und Wirtschaftsrecht im Wandel, 1997, Walter de Gruyter Berlin New York

Küttner, Wolfdieter: Personalbuch 2008: Arbeitsrecht-Lohnsteuerrecht-Sozialversicherungsrecht, 15. Auflage, Verlag C.H.Beck München

Michalski, Lutz: Arbeitsrecht, 2005, C.F.Müller

Meyer, Holger: Der Tatbestand des Betriebsübergangs nach der Rechtsprechung des Europäischen Gerichtshofs und des Bundesarbeitsgerichts, 2004, Peter Lang Europäischer Verlag der Wissenschaften Frankfurt am Main

Nicolai, Andrea: Vorbereitung und Auswirkungen eines Betriebsübergangs, 1. Auflage, 2006, GDA-Gesellschaft für Marketing und Service der Deutschen Arbeitgeber mbH Berlin

Pogge, Beate: § 613a BGB, BAG und EuGH im Widerspruch?, 2004, Düsseldorfer Schriftenreihe herausgegeben von: Sowka/Schiefer und METALL NRW

Preis, Ulrich: Arbeitsrecht, Praxis-Lehrbuch zum Individualarbeitsrecht, 2. Auflage, 2003, Verlag Dr. Otto Schmidt Köln

Schliemann, Harald: Das Arbeitsrecht im BGB, 2. Auflage, 2002, Walter de Gruyter Berlin New York

Willemsen, Heinz Josef/Hohenstatt, Klaus-Stefan/Schweibert, Ulrike/Seibt Christoph H.: Umstrukturierung und Übertragung von Unternehmen, 3. Auflage, 2008, Verlag C.H.Beck München

Wollenschläger, Michael: Arbeitsrecht, 1999, Carl Heymanns Verlag KG Köln Berlin Bonn München

Internetpublikationen
Kock, Martin: Aktuelles zum Betriebsübergang und Outsourcing, 2007

Lang, Thorsten: Sozialauswahl nach Widerspruch des Arbeitnehmers gegen einen Betriebsübergang, Newsletter Employment 12/08

Internetquellen
curia.europa.eu
ec.europa.eu
hr.monster.de
www.4managers.de
www.advocat24.de
www.aticon.de
www.aus-innovativ.de
www.bewerbungsmappen.de
www.bmwa.gv.at
www.dingeldein.de
www.juracafe.de
www.jura.uni-rostock.de
www.lexexakt.de
www.rz.uni-leipzig.de
www.verdi-it.de
www.wahl-unternehmensberatung.de
www2.igmetall.de

Kommentare
Bachner, Michael/Gerhardt, Peter: Betriebsübergang, Basiskommentar zu § 613a BGB mit den Folgen für die Mitbestimmung, 1. Auflage, 2008, Bund-Verlag Frankfurt am Main

Bernsau, Georg/Dreher, Daniel/Hauck, Friedrich: Betriebsübergang, Kommentar zu § 613a BGB unter Einschluss von betriebsverfassungsrechtlichen und insolvenzrechtlichen Vorschriften, 2. Auflage, 2008, Luchterhand Fachverlag

Müller-Glöge, Münchener Kommentar zum BGB, § 613a Rechte und Pflichten bei Betriebsübergang, 4. Auflage 2005

Palandt Bürgerliches Gesetzbuch, 65. Auflage 2006

Preis, Erfurter Kommentar zum Arbeitsrecht, § 613a BGB Rechte und Pflichten bei Betriebsübergang, 8. Auflage 2008

Urteile und Entscheidungen

BAG AP Nr. 24 zu § 611 BGB
BAG AP Nr. 11 zu § 613a BGB
BAG AP Nr. 19 zu § 613a BGB
BAG AP Nr. 36 zu § 613a BGB
BAG AP Nr. 49 zu § 613a BGB
BAG AP Nr. 56 zu § 613a BGB
BAG AP Nr. 61 zu § 613a BGB
BAG AP Nr. 178 zu § 613a BGB
BAG AP Nr. 186 zu § 613a BGB

BAG, Urteil vom 31.1.2008 – 8 AZR 27/07

EuGH-Entscheidung vom 05.05.1988, Rs. 144/87
EuGH-Entscheidung vom 16.12.1992, Rs. C-132/91

EuGH-Urteil vom 07.02.1985, Rs. 135/83
EuGH-Urteil vom 07.03.1996, Rs. C-171/94 und C-172/94
EuGH-Urteil vom 11.03.1997, Rs. 13/95

Richtlinien & Stellungnahmen

RL 2001/23/EG ABl., Nr. L 82 vom 22.03.2001

RL 77/187/EWG ABl., Nr. L 61 vom 05.03.1977

Stellungnahme des Wirtschafts- und Sozialausschusses, ABl. Nr.C 255/25 vom 07.11.1975

Zeitschriften

Neue Juristische Woche, 1998, Heft 25
Neue Juristische Woche - Spezial, 2004, Heft 4
Neue Juristische Woche – Spezial, 2006, Heft 12
Neue Juristische Woche – Spezial, 2007, Heft 13
Neue Juristische Woche – Spezial, 2008, Heft 14
Neue Zeitschrift für Arbeitsrecht, 1994, Heft 12
Neue Zeitschrift für Arbeitsrecht, 1995, Heft 21
Neue Zeitschrift für Arbeitsrecht, 1996, Heft 8
Neue Zeitschrift für Arbeitsrecht, 2004, Heft 1
Neue Zeitschrift für Arbeitsrecht, 2008, Heft 14
Neue Zeitschrift für Gesellschaftsrecht, 2008, Heft 14
Zeitschrift für Arbeitsrecht, 36. Jahrgang, 1/2005